소중한 _____에게

꿈과 희망을 주는 책을 선물하며

_____로부터

어린이를 위한

가난하다고 꿈조차 가난할 수는 없다 ❷

어린이를 위한
가난하다고 꿈조차 가난할 수는 없다 2

2007년 7월 25일 초판 1쇄 펴냄
2011년 5월 2일 초판 9쇄 펴냄

원작 | 김현근
글 | 김은영
그림 | 강우리
펴낸이 | 윤철호
펴낸곳 | (주)사회평론

편집 | 박은희 · 최지영 · 김보은 · 박혜진 · 김현영 · 송수정
마케팅 | 이승필 · 백미숙
디자인 | 김민경

등록번호 | 10-876호(1993년 10월 6일)
전화 | 326-1182(영업), 326-1185(편집)
팩스 | 326-1626
주소 | 서울시 마포구 서교동 247-14
전자우편 | editor@sapyoung.com
홈페이지 | http://www.sapyoung.com

ISBN 978-89-5602-804-0 73800

값 9,000원

＊저자와의 협의하에 인지를 생략합니다.
＊사전 동의 없는 무단 전재 및 복제를 금합니다.
＊잘못 만들어진 책은 바꾸어 드립니다.

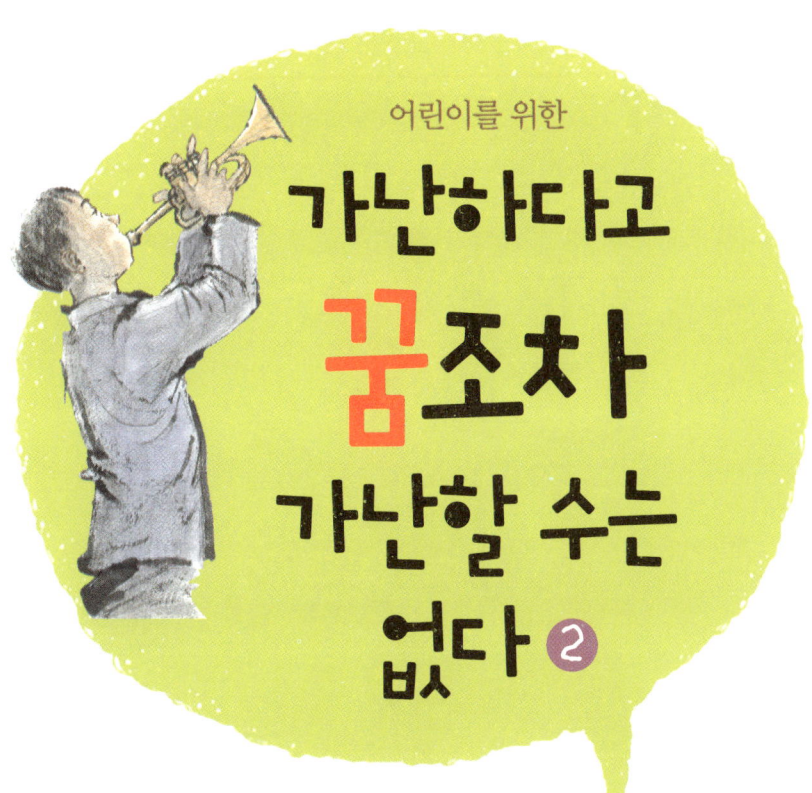

어린이를 위한
가난하다고 **꿈**조차 가난할 수는 없다 ❷

김현근 원작 | 김은영 글 | 강우리 그림

사회평론

차례

1. 전교 1등의 비밀 6
2. 몰래 한 신문 배달 22
3. 수학을 잡아라 38
4. 꿈을 향한 첫 도전 52
5. 달려라, 현근! 68
6. 영재가 아니면 어때? 84
7. 60점짜리라도 좋아 98
8. 괴물들이 사는 학교 112
9. 공부야 덤벼라! 126
10. 엄마의 마법 편지 140
11. 함께 나누는 즐거움 154
12. 고시원에서의 한여름 밤의 꿈 168
13. 기숙사 탈출 사건 184
14. 꿈의 장학금 196
15. 나의 19년, 엄마의 19년 208
16. 반갑다, 프린스턴 222

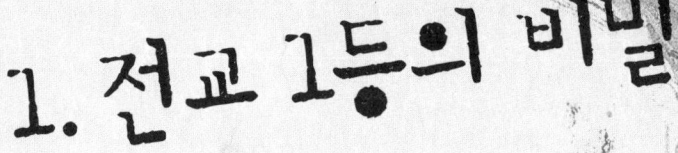

1. 전교 1등의 비밀

크게 숨을 한 번 쉰 다음 성적표를 펴 보았다.
제일 먼저 석차가 눈에 들어왔다.
전교 2등이었다.
'바보! 등수가 떨어진 줄도 모르고…….
미리부터 우쭐했다니…….'
말할 수 없이 부끄럽고 마음이 울적했다.

1등보다 나은 30등

불안한 마음으로 시작한 중학교 생활이었다.

'배치고사는 1등을 할 수 있었지만, 중학교 공부도 잘 할 수 있을까?'

중간고사가 다가오면서 공부 좀 한다는 아이들은 하나같이 무섭게 공부했다. 배치고사에서 2등을 한 친구는 시험 볼 내용을 스케치북에 옮겨 적고 모조리 외우며 공부했다.

'와, 장난이 아니다. 역시 중학교 공부는 수준이 다르구나. 초등학교 때보다 더 열심히 해야겠다. 완벽하게 시험 준비를 하는 거야!'

나는 일단 과목당 자습서를 포함해서 서너 개의 문제집을 풀었다. 문제를 풀다 보면 '이런 문제가 과연 나올까?' 하는 생각이 드는 문제들도 있었다. 하지만 확실히 해 두기 위해 빠짐없이 풀었다. 교과서도 최소한 다섯 번 이상 읽었다. 특히 수업 시간에 선생님이 강조하신 부분은 더 꼼꼼하게 보았다.

그렇게 해도 뭔가 부족하다는 생각이 들었다. 그래서 친구들에게 자료를 빌려 달라고 부탁했다.

"너, 학원에서 준 학교별 기출문제 자료 갖고 있니?"

"응."

"미안한데, 나 좀 빌려 줄래?"

"그래. 근데 왜? 네 자료는 잃어버렸어?"

"난 학원 안 다니잖아."

"아, 맞다. 그랬지."

기출문제 자료를 다 공부한 뒤에야 나는 편안한 마음으로 첫 중간고사를 볼 수 있었다.

그리고 나는 보란 듯이 첫 중간고사에서 전교 1등을 했다. 더욱이 1학기 기말고사에서는 올백을 맞았다. 물론 전교 1등이었다. 1학기 중간고사와 기말고사를 모두 전교 1등, 게다가 올백까지 맞고 보니까 왠지 시시한 기분이 들었다.

'중학교 공부 별거 아니네. 학원도 안 다니고 과외도 안 받았는데.'

자신감이 하늘을 찌르는 듯했다.

'이제 전교 1등은 내 것이야.'

자만심도 들었다. 그렇게 1학년 2학기를 맞았다.

2학기 때도 열심히 공부했다. 하지만 1학기 때와 같은 오기나 절박함 같은 것은 없었다. 남들 하는 만큼만 하면 2학기 때도 전교 1등을 할 수 있을 것 같았다. 그래서 서너 권씩 풀던 문제집을 한두 권씩만 풀었다. 다섯 번 이상 보던 교과서도 두세 번만 보았다. 중간고사를 볼 때도 문제가 너무 쉬웠다. 나는 '이번에도 전교 1등은 나다!'라고 확신했다.

그 날은 2학기 중간고사 성적이 나오는 날이었다. 담임 선생님이 우리들의 성적표를 들고 교실로 들어오셨다. 나도 모르게 얼굴에 미소가 번졌다.

'전교 1등은 물론 내가 했겠지.'

나는 즐거운 상상 속으로 빠져 들었다.

선생님이 웃음꽃을 피우시며 '또 우리 반에서 전교 1등이 나왔나!'라고 말씀하신다. 아이들은 '와! 대단하다!'라고 감탄한다. 선생님이 나를 향해 윙크를 하시며 '누가 전교 1등인지 말 안 해도 알지?'라고 말씀하신다. 그러자 아이들이 입을 모아 '예. 현근이요!'라고 말한다. 선생님은 고개를 끄덕이시며 '그래. 이번에도 현근이가 전교 1등을 했다! 현근아, 앞으로 나오렴' 하고 말씀하신다. 나는 쑥스러워하며 앞으로 나가고 사방에서 박수 소리가 들린다.

그런데! 웬일인지 선생님은 아무 말씀이 없으셨다. 번호 순서대로 성적표를 나눠 주실 뿐이었다.

'성적표를 다 나눠 주고 말씀해 주실 건가 봐. 아니면 1학기 때도 계속 1등을 했으니 이젠 당연하다고 생각하시는 걸까? 어쨌든 신난다. 난 성적표 받을 때가 제일 좋아.'

마침내 선생님은 내 이름을 부르셨다. 앞으로 나갔을 때, 선생님은 성적표를 주며 말씀하셨다.

"김현근, 분발해야겠다."

"예?"

"수고했다. 하지만 선생님은 이번에도 우리 반에서 전교 1등이 나오겠구나, 기대했는데. 약간 실망인걸? 하하. 앞으로 더 잘 해라."

'어떻게 된 거지? 내가 1등이 아니라고!'

눈앞이 노래지는 기분이 들어 간신히 인사를 하고 자리로 돌아왔다.

 크게 숨을 한 번 쉰 다음 성적표를 펴 보았다. 제일 먼저 석차가 눈에 들어왔다.
 선교 2등이었다.
 '바보! 등수가 떨어진 줄도 모르고……. 미리부터 우쭐했다니…….'

말할 수 없이 부끄럽고 마음이 울적했다.

'엄마 아빠께는 뭐라고 말씀드리지? 실망하실 텐데. 웃으며 말씀하셨지만 선생님도 실망하셨는데.'

마음이 좋지 않아 수업을 듣는 둥 마는 둥 했다. 선생님 말씀이 귀에 잘 들어오지 않았다. 수업이 끝나고 집으로 돌아오는 발걸음도 무겁기만 했다.

집에 오니 엄마는 일을 나가시고 아빠는 집에 계셨다. 일자리를 알아보러 나가셨다가 막 들어오신 듯했다.

"학교 다녀왔습니다."

"그래. 그런데……."

아빠는 내 얼굴을 유심히 쳐다보셨다.

"기분이 안 좋아 보이는구나."

"저…… 성적이 떨어졌어요."

나는 아빠의 다음 질문을 기다렸다.

'몇 등을 했냐고 물으시겠지. 전교 2등이면 잘 했다고 말씀해 주실까?'

하지만 아빠는 등수에 대해선 한마디 말씀도 없으셨다.

"그럴 줄 알았다."

"예?"

"2학기 들어서 네 태도가 달라졌잖니. 처음에는 열심히 하더니, 점점 게을러지더구나. 아빠 눈에는 다 보였는데."

"……."

"현근아."

"예."

"몇 등을 했는지는 중요하지 않아. 아빠는 네가 1등을 했건 30등을 했건 상관없다. 정말 열심히 노력해서 얻은 30등이라면 칭찬받을 일이지. 대충 해서 얻은 1등보다 가치 있는 거니까. 현근아, 중요한 건 성적이 아니라 노력하는 자세란다. 이번에는 네 노력이 부족했던 것 같구나. 겸손한 마음도 모자랐고. 모르는 게 많다는 겸손한 마음이 있어야 열심히 공부할 수 있어. 앞으로는 자만하지 말거라."

"알겠어요, 아빠."

방으로 들어왔지만 아빠의 목소리가 계속 귓가를 맴돌았다.

'아빠 말씀이 맞아. 전교 1등 했다고, 올백 맞았다고 나도 모르게 학교 시험을 우습게 봤어. 대충 해도 또 1등을 할 수 있을 줄 알았어. 내가 최고라고 생각했어.'

노력하지 않으면 결코 잘 할 수 없는 게 공부였다. 최소한 나한테는 그랬다. 지독하다 싶을 정도로 공부하지 않으면 다른 아이들을 앞설 수 없었다.

'공부는 저절로 잘 하게 되는 게 아닌데, 왜 그걸 잊어버렸을까?'

속이 상했지만, 일을 이렇게 만든 건 나 자신이었다. 누구를 원망할 수도 없었다. 시험은 이미 끝났고 결과는 나왔다.

'그래, 이번 일을 반성의 계기로 삼자. 앞으로 잘 하면 돼. 다시 그때로 돌아가는 거야. 처음 중학교 생활을 시작한 그때 그 마음으로. 이젠 자만하지 않을 거야.'

나는 마음을 다잡았다.

집중력의 마법

2학기 기말고사가 다가오고 있었다. 아빠의 말씀대로 난 자만하지 않고 노력하고 있었다. 무엇보다 수업 시간에 더욱 집중했다. 우리 집 형편상 내가 공부에 관해 도움을 받을 수 있는 곳은 학교밖에 없었기 때문이다.

아빠는 여전히 직장을 못 구하셔서 우리 가족은 엄마의

수입으로 살아가고 있었다. 식당 일처럼 힘든 일 말고 엄마가 하실 수 있는 일은 많지 않았다. 매일 밤 엄마는 퉁퉁 부은 다리로 집에 들어오셨고, 주무실 때면 끙끙 앓곤 하셨다. 그 소리를 들을 때마다 난 마음이 너무 아팠다. 그렇게 힘들게 일하시는데도 엄마가 버는 돈은 한 달에 60만 원뿐이었다. 그 돈으로는 살 수가 없어서 부모님은 여기저기서 빚을 얻어 쓰고 계셨다. 그래서 난 과외를 받기는커녕 보습 학원에도 다니지 않았다.

사회 시간, 선생님 말씀을 듣고 있는데 짝이 속삭였다.
"현근아, 점심시간에 5반 애들이랑 농구 시합하기로 했어. 그런데."
나는 계속 선생님을 바라보면서 작은 소리로 말했다. 소곤소곤, 그러나 단호하게.
"수업 끝나고 얘기하자. 정말 미안한데, 수업 시간에는 말 걸지 말아 줘."
수업이 끝나고 선생님이 나가셨다. 교실 안은 금세 시끌벅적해졌다. 나는 짝에게 먼저 말을 걸었다.
"아까 기분 나빴니? 그렇다면 미안하다."

"아니. 내가 미안하지 뭐."

"얘기하느라고 선생님 말씀 놓칠까 봐 그랬어."

"알아."

"그런데 무슨 얘기 하려고 했는데?"

"응, 농구 같이 하자고. 지는 팀이 음료수 사기로 했어."

"그래? 꼭 이겨야겠네. 나야 좋지. 고맙다, 끼워 줘서."

"그런데 넌 왜 그렇게 수업에 목을 매냐? 넌 짝인 내가 죽어도 모를 거야. 하늘이 두 쪽 나도, 땅이 갈라져도 모를 걸? 선생님 말씀 듣느라고 말이야. 머리에 쥐 안 나?"

내 짝은 모르고 있다. 공부 잘 하는 첫 번째 비결이 '수업 집중'이라는 사실을. 짝의 말대로 난 수업에 목을 매다시피 했다. 학교 행사에 나가느라 수업을 빠지기라도 하면 난 수업을 열심히 듣는 친구에게 부탁하곤 했다.

"선생님 말씀 한마디도 놓치지 말고 적어 두었다가 나중에 좀 보여 줄래?"

그렇게 노트를 빌려 보고 나서는 선생님이 강조하신 부분을 아이들에게 물어보았다. 유난스럽게 보일지 몰랐지만 그렇게 해야 안심이 되었다.

하지만 다른 아이들은 학교 수업이 왜 중요한지를 잘 몰랐다. 대부분의 아이들이 학원을 다녔는데 학교 수업을 열심히 듣는 아이는 거의 없었다. 그런 아이들을 볼 때마다 의문이 들었다.

'학교 시험 문제를 내는 사람은 학원 선생님이 아니라 학교 선생님이야. 수업 시간에 선생님이 하신 말씀들은 모두 시험 문제와 직결되어 있어. 특히 시험 기간이 다가올수록, 선생님 말씀에는 무조건 시험에 대한 힌트가 담겨 있다고. 그런데 왜 아이들은 수업에 집중하지 않는 걸까?'

생각에 잠겨 있는데 짝이 팔을 툭 쳤다. 짝은 별표와 느낌표가 가득한 내 교과서를 들여다보며 말했다.

"교과서가 왜 이렇게 지저분하냐? 걸레가 따로 없네."

"'☆시험!'이라고 표시된 데 있지? 거기서 지난 중간고사 문제 다 나왔어."

"와, 정말? 여기서 나올 줄 넌 어떻게 알았어?"

"어떻게 알긴. 선생님이 수업 시간에 다 말씀해 주셨으니까 알지."

"시험에 나온다고 다 가르쳐 주셨단 말이야? 언제?"

"에둘러서 말씀해 주셨지. '이건 중요하니까 꼭 기억해라'든가 '무조건 외워'라고. 아니면 '이런 건 시험에 자주 나온다'라거나. 그런 부분은 난 꼭 표시를 해. 그럼 시험 공부할 때 훨씬 편하거든."

"나중에 네 교과서 좀 빌려 줘. 네 책으로 시험 공부하면 점수 팍팍 올라가겠다."

"선생님이 강조하신 부분을 중심으로 한 번 훑어봐. 흐름을 파악하는 거야. 그 다음에는 적어도 다섯 번 이상 꼼

꼼히 읽어. 대신 쓸데없는 부분은 그냥 넘어가. 그런 다음 문제집을 풀어 보면 대강 알 수 있어. 시험에 어떤 문제들이 나올지. 참, 너 시험 보고 나서 시험지 안 버리지?"

"뭐, 버릴 때도 있고 안 버릴 때도 있고."

"버리지 말고 모아 둬. 그랬다가 다음 시험 때 보면서 내가 무얼 틀렸는지 확인해. 만약 네가 사회에서 어떤 문제

를 틀렸는데, 그 문제가 교과서의 '심화 과정'에서 나온 거야. 그럼 이번에는 심화 과정에 있는 내용도 공부하는 거지."

"그 반대도 있겠네? 심화 과정까지 달달 외우려고 했는데, 그동안의 시험지를 보니까 심화 과정에서는 한 문제도 안 나왔어. 그럼 심화 과정은 그냥 넘어가면 돼. 그렇지?"

"맞아. 선생님이 바뀌지 않는 한 시험 문제는 비슷하니까. 예전 시험지를 보고 내가 왜 틀렸는지, 뭘 공부하지 않아서 틀렸는지 알아봐. 다음 시험에서는 그 부분을 더 신경 써서 공부하고. 그러면 한 번 했던 실수는 절대로 다시 하지 않게 돼."

수업 시작을 알리는 종이 울렸다. 쉬는 시간은 언제나 너무 짧았다. 수학 선생님이 들어오시고 수업이 시작되었다.

수업 중간에 짝을 쳐다보니 눈을 초롱초롱 빛내며 선생님 말씀을 듣고 있었다.

'흠. 아까 사회 시간하고는 딴판인데? 아름다운 장면이야. 하하.'

그때 앞자리 친구가 나를 돌아보며 물었다.

"n이 왜 7이야?"

"응, 그건 n-2제곱이고, 32는 2의 5제곱이잖아."

"왜?"

설명을 계속하자 앞자리 친구는 이내 고개를 끄덕이고 다시 앞을 보았다. 문제는 그 바람에 선생님 말씀을 놓치고 말았다는 것. 나는 선생님께 말씀드리지 않을 수 없었다.

"선생님, 정말 죄송하지만, 한 번만 다시 말씀해 주세요."

물론 선생님은 기꺼이 내 부탁을 들어주셨다.

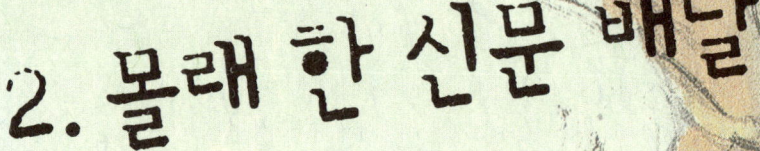

2. 몰래 한 신문 배달

'어, 어.'
자전거가 기우뚱하더니 중심을 잡을 새도 없이
길 한 옆으로 쓰러졌다.
나는 자전거와 함께 젖은 바닥에 나동그라지고 말았다.
그와 동시에 신문들이 쏟아져 바닥에 흩어졌다.
'안 돼! 젖으면 안 돼!'

엄마, 아프지 마세요

신나는 점심시간. 우리는 급식소로 우르르 몰려갔다. 우석이가 발걸음을 빨리하며 말했다.

"아, 배고파! 배고파 죽겠어!"

"하여튼 알아줘야 돼. 아까 매점에서 빵을 두 개나 사 먹는 거 내가 다 봤는데."

"한창 클 때 아니냐!"

우석이 말대로 우리들은 하루가 다르게 쑥쑥 자라고 있었다.

급식소로 가서 식판을 들고 줄을 섰다. 주방에서는 아주머니들이 바쁘게 움직이고 계셨다. 밥과 국을 퍼 주시는 아주머니, 반찬을 놓아 주시는 아주머니, 학생들이 반납한 식판을 설거지하시는 아수머니…….

차례가 점점 가까워 오고 있었다. 그런데 아주머니들 사이에서 낯익은 얼굴이 눈에 들어왔다.

'어? 엄마잖아!'

잠깐 어리둥절했다. 그러고 보니 어젯밤 엄마가 하신 말씀이 떠올랐다.

"현근아, 엄마가 내일부터 너희 학교 급식소에서 일하게 됐어. 저녁에 하는 식당 일만으로는 생활비도 벌 수 없구나."

알고 있었는데도 막상 엄마 얼굴을 보니 기분이 이상했다. 하얀 모자에 하얀 위생 가운을 걸친 엄마 모습이 낯설었다.

'집에서 볼 때는 예쁜 우리 엄마가 왜 그런지 초라해 보여.'

학생들에게 분주히 밥을 퍼 주느라 엄마는 나를 보지 못하신 모양이었다. 어느새 엄마는 우석이에게 밥을 퍼 주고 계셨다. 곧 내 차례가 왔다. 어쩐지 아는 체를 할 수가 없었다. 내게 밥을 퍼 주시는 엄마와 눈이 마주치지 않기를 바랐다. 눈을 내리깔고 있는데 엄마의 목소리가 들렸다.

"현근아!"

눈을 들어 엄마를 보았다.

"우리 아들, 배고프지?"

"……."

그때 우석이가 고개를 돌렸다. 우석이는 엄마와 내 얼굴을 번갈아 쳐다보았다. 부끄러웠다. 나는 결국 아무 말도 못한 채 식판을 들고 우석이 옆에 가 앉았다. 밥을 떠먹으며 우석이가 물었다.

"너희 엄마?"

"응."

"그런데 왜 여기 계셔?"

"…… 오늘부터 일하신대."

"여기, 급식소에서?"

"응."

"왜?"

왜냐고? 나는 할 말이 없었다.

'부잣집 아들인 넌 이해 못할 거야. 왜 몸도 약한 우리 엄마가 저렇게 힘든 일을 하시는지. 그건 아빠가 편찮으셔서 엄마가 일하시지 않으면 우리 가족은 살아갈 수가 없기 때문이야…….'

난 말없이 밥만 먹었다. 우석이도 더 이상 묻지 않았다.

우석이를 남겨 두고 먼저 나오면서 일부러 엄마를 쳐다보지 않았다. 내 마음을 나도 알 수 없었다.

'가엾은 우리 엄마. 그런데 난 왜 엄마께 반갑게 말도 걸 수 없는 걸까?'

학교가 파할 때까지 내 마음은 엄마 생각으로 가득 차 있었다.

'아직도 계실까? 들어가 볼까?'

내 발걸음은 어느새 급식소를 향하고 있었다.

주방 안은 여전히 분주했다. 내일 쓸 음식 재료를 다듬는 분도 계셨고, 식판을 정리하는 분도 계셨다. 그 속에서 내 눈은 엄마를 찾아냈다.

엄마는 커다란 프라이팬을 내려놓고 계셨다. 다른 아주머니와 함께였지만, 무척 무거워 보였다.

'전교생이 먹을 음식을 해야 하니 정말 중노동일 거야. 매일 들어오는 야채, 고기의 양도 엄청나겠지. 그 많은 것들을 옮기고, 씻고, 다듬고, 요리하고……. 몸도 약한 엄마가 얼마나 힘드실까.'

엄마는 주방 바닥에 쭈그리고 앉더니 수세미에 세제를

묻히셨다. 프라이팬을 닦는 엄마의 얼굴로 하얀 거품이 튀었다.

몰래 엄마를 훔쳐보고 난 후 급식소를 나왔다. 엄마가 나를 위해서 저렇게 고생하고 계신데, 친구 앞에서 엄마를 모른 척했던 내 자신이 부끄러웠다. 그러다가 문득 덜컥 겁이 났다.

'엄마가 병이라도 나면 어떻게 하지?'

집으로 돌아왔을 때 내 머릿속은 온통 집안 걱정뿐이었다.

'아빠는 언제쯤 다시 일을 하실 수 있을까? 집이 이렇게 어려운데 내가 공부만 해도 되는 걸까? 아르바이트라도 해야 할까 봐.'

엄마는 저녁 늦게야 돌아오셨다. 온몸에 피로가 배어 있었다.

"엄마……."

난 점심시간에 엄마를 모른 척했다. 너무나 죄송했지만 무슨 말을 해야 할지 몰랐다.

"그래."

엄마는 그 일에 대해서는 아무 말씀 없으셨다. 엄마를 모른 체하는 아들을 보고 얼마나 속이 상하셨을까? 하지만 엄마는 왜 그랬냐고 묻지 않으셨다. 그래서 난 더 죄송했다.

"아이고, 허리야. 첫날이라 정신이 없었어."

"안마해 드릴게요. 누우세요."

"아니야, 괜찮아. 너도 공부하느라 힘들 텐데."

"제가 뭐가 힘들어요. 공부만 하는데. 자, 누우세요."

나는 안마를 시작했다. 엄마의 등허리는 여위고 딱딱했다. 갑자기 콧등이 시큰해졌다. 엄마가 아니라면 누가 우리를 위해 이렇게 애쓰실까. 아픈 허리와 퉁퉁 부은 다리로 누워 계시는 우리 엄마. 그래도 이 세상에서 제일 예쁜 우리 엄마. 엄마가 우리 엄마라서 난 좋았다.

'엄마, 죄송해요. 그리고 고마워요.'

몰래 한 신문 배달

새벽 2시 40분. 지난 밤 맞춰 놓은 자명종 소리에 눈을 떴다.

'벌써 일어나야 한다니. 아, 너무나 졸리다.'

억지로 일어나 졸린 눈을 비볐다. 잠이 많은 나로서는 더

자고 싶은 마음이 굴뚝같았다. 하지만 지금 당장 일어나야 했다. 3시까지는 도착해야 했으니까.

　방에 불을 켜고 주섬주섬 옷을 입은 다음 방을 나섰다. 모두들 깊은 잠에 빠져 있을 때라 조심해야 했다. 아무도 깨어서는 안 되었다.

　발소리를 죽이며 현관 밖으로 나섰다. 세상은 아직 캄캄한 어둠이었다. 쌀쌀한 새벽 공기가 옷 속을 파고들었다. 나도 모르게 부르르 어깨를 떨었다. 게다가 비까지 내리고 있었다. 빗줄기가 제법 굵었다.

　'이런, 비가 오네. 비옷도 없는데 어쩌지? 우산을 쓰고 자전거를 탈 수도 없고…….'

　난감했다. 비를 맞고 갈 생각을 하니 차마 발걸음이 떼어지지 않았다. 나는 그대로 선 채 어둠 속에 내리는 빗줄기를 바라보았다.

　'몇 시간만 하면 되는데 뭐. 어서 출발하자. 이러다 늦겠어.'

　나는 마당에 세워둔 자전거를 조심스레 끌고 소리 나지 않게 대문을 열었다. 자전거에 올라타는데 벌써 옷이 젖어 있었다. 나는 페달을 밟았다.

'비는 오지만, 오늘도 힘차게 출발!'

나는 신문 배달을 하러 가는 참이었다. 돈 때문에 고생하시는 부모님을 더 이상 보고만 있을 수 없었다. 조금이라도 도움이 되어 드리고 싶었다. 문제집 살 돈이 필요했지만 부모님께 말씀드리기가 어려웠다. 그래서 택한 일이 신문 배달이었다.

3시 정각. 신문 보급소에 도착하자 사장님이 반갑게 맞아 주셨다.

"어서 와라. 저런, 비를 그냥 맞고 왔구나."

사장님은 비옷 한 벌을 건네주셨다. 사장님은 내 친구의 큰아버지였다. 그래서 친구의 소개로 신문 배달을 할 수 있었던 것이다.

"배달 나갈 때 이거 입고 가라."

"고맙습니다."

수건으로 젖은 머리를 대충 닦고 작업을 시작했다. 우선 신문 150부를 받아 사이사이에 전단지를 끼웠다. 그러고 나서 신문이 젖지 않도록 비닐을 씌웠다. 아직 일이 서툴러서 속도가 느렸다. 마음만 자꾸 급해졌다.

'다 됐다. 어서 배달해야지.'

자전거 뒤에 신문 더미를 싣고, 떨어지지 않도록 끈으로 묶은 다음 자전거에 올라탔다. 그새 빗발은 더 굵어져 있었다. 비옷이 없었다면 몸이 흠뻑 젖을 뻔했다. 나는 힘껏 페달을 밟았다.

얼마나 달렸을까. 비에 젖은 비탈길이 미끄럽다고 느낀 순간이었다.

'어, 어.'

자전거가 기우뚱하더니 중심을 잡을 새도 없이 길 한 옆으로 쓰러졌다. 나는 자전거와 함께 젖은 바닥에 나동그라지고 말았다. 그와 동시에 신문들이 쏟아져 바닥에 흩어졌다.

'안 돼! 젖으면 안 돼!'

벌떡 일어나 여기저기 흩어진 신문을 주웠다.
　'잘 묶는다고 묶었는데…….'
　150부나 되는 신문을 모두 줍고 나자 비로소 아픔이 느껴졌다. 놀라고 당황해서 아픈 줄도 몰랐던 것이다. 무릎에서 피가 배어 나오고 있었다. 오른쪽 팔도 쑤셔 왔다. 비가 쏟아지는 어두운 길에는 고양이 한 마리 지나다니지 않았다.
　내동댕이쳐진 자전거를 바로 세웠다. 자전거 뒤에 신문을 싣고 단단히 묶는데 문득 서러웠다.
　'내가 지금 뭐하고 있는 거지? 내 꼴이 이게 뭐야. 바보같이.'
　눈에서 뜨거운 것이 솟았다. 빗물에 섞인 눈물이 뺨을 타고 흘러내렸다. 퍼붓는 비도, 가난한 집안도 원망스러웠다.
　'가난하지만 않다면 이런 고생은 안 해도 될 텐데. 다른 애들은 곤히 자고 있을 시간에 난 돈을 벌어야 하는구나.'
　그래도 눈물을 훔치고 다시 자전거에 올라야 했다. 문득 매일 밤 끙끙 앓으시는 엄마 얼굴이 떠올랐다.
　'엄마는 하루 종일 힘들게 일하시는데, 고작 몇 시간 아르바이트 때문에 눈물을 흘리다니.'

나는 다시 달리기 시작했다. 또 쓰러져도 상관없었다. 그때는 툭툭 털고 일어날 수 있을 것 같았다.

신문 배달을 마치고 학교에 갔을 때 계속 재채기가 나왔다. 감기가 오려는 모양이었다. 첫 수업이 시작되었다. 자꾸 졸음이 쏟아졌다.

'어, 내가 잤나 봐. 방금 선생님이 뭐라고 하신 거지?'

잠을 쫓으려고 세차게 고개를 흔들었다. 하지만 그때뿐이었다. 쉬는 시간을 알리는 종소리가 반갑게 들렸다. 선생님이 나가시자마자 난 책상에 엎드렸다.

"현근아, 일어나. 선생님 오셨어."

어깨를 흔드는 짝의 손길에 눈을 떴다.

'아, 쉬는 시간 내내 잤구나.'

나는 자리에서 벌떡 일어났다.

"차렷. 선생님께 경례."

"안녕하세요."

이제 겨우 2교시인데 너무나 졸렸다. 1교시 때는 무얼 배웠는지 기억도 잘 나지 않았다. 꾸벅꾸벅 졸다 보니 어느새 수업이 모두 끝났다. 학교가 파할 때까지 그런 상태였다.

집으로 돌아오자마자 자리에 눕고 말았다. 졸리기도 했

지만 감기 기운이 있었다. 새벽에 다친 팔다리도 아팠다.

'부모님께 도움이 되고 싶었는데, 세상에 나서기에 나는 아직 너무 어리구나.'

마음이 아려왔다.

다음 날, 나는 신문 보급소로 사장님을 찾아갔다. 어렵게 말문을 열었다.

"죄송해요, 사장님. 저…… 앞으로는 못 나올 거 같아요."

"일이 많이 힘드냐?"

"예. 잠이 부족해서 공부에도 지장이 많고요."

"그럼 안 되지. 전교 1등을 하는 학생이. 조카 녀석한테 네 얘기 많이 들었다."

"중간에 그만두면 안 된다는 거 알지만……. 죄송해요."

"아니다. 그런 말 마라. 그렇잖아도 공부에 지장 있을까 봐 걱정했는데. 그리고 이건……."

사장님은 서랍을 열어 봉투를 꺼내시더니 18만 원을 직접 넣어 주셨다. 한 달을 일해야 받을 수 있는 돈이었다.

"사장님, 너무 많이 주셨어요. 중간에 그만두는 것도 죄송한데……."

"사야 할 문제집이 많다면서? 공부 열심히 하라고 주는 거니까 받아 둬. 그리고 현근아. 그만두겠다는 결정 잘 한 거다. 지금 네가 할 일은 신문 배달이 아니라 공부야. 너희 집 사정이 좋지 않다는 말도 들었다. 너도 많이 힘들 거야. 하지만 그럴수록 더 열심히 공부해야 한다. 부모님을 도와드리는 길은 공부밖에 없어. 돈은 나중에 벌면 돼. 알았지? 파이팅이다. 힘내!"

부모님 몰래 한 신문 배달은 그렇게 채 한 달을 못 채우고 끝이 났다. 하지만 사장님의 격려는 오래도록 남아서 내게 큰 용기가 되어 주었다. 사장님 말씀처럼 내가 할 수 있는 일은 공부밖에 없었다. 최선을 다해 공부하는 것. 그게 바로 부모님을 위해서나 나를 위해 지금 해야 할 일이었다.

3. 수학을 잡아라

나는 곧장 서점으로 달려갔다.
중2 수학 교과서를 사 들고 집으로 돌아왔다.
다시 책상에 앉아 교과서를 펼쳤다.
'이차함수와 연립방정식에 대한 부분이 어디 있지?
아, 여기 있다! 여기 있어!'
그 부분을 찬찬히 읽어 보았다. 내 생각이 맞았다.
교과서에는 기초적인 개념이 자세히 설명되어 있었다.

학원 다니고 싶어요

중학교 1학년 어느 날이었다.

"엄마, 저 경시학원에 다니고 싶어요."

"경시학원?"

"예. 수학경시대회를 준비하는 학원이요. 경시대회에 나가고 싶어요. 준비하면서 수학 실력이 늘 것 같아서요."

"수학경시대회는 혼자 준비하기가 어렵지?"

"예, 아무래도."

정말 오랜 고민 끝에 어렵게 꺼낸 말이었다. 엄마가 버는 돈은 60만 원. 그런데 학원비는 20만 원 가까이 했으니까. 경시학원을 다니고 싶어 하는 내가 아주 나쁜 아이처럼 느껴졌다.

수학경시대회를 처음 알게 된 건 초등학교 6학년 때였다. 그때까지만 해도 나는 내가 수학을 잘 하는 줄로만 알고 있었다. 학교에서 치르는 시험에서 수학은 거의 만점을 받아 왔기 때문이었다. 그래서 교내 경시대회에 처음 참가했을 때, 당연히 문제를 쉽게 풀 수 있을 거라 생각했다. 그러나 경시대회는 학교에서 늘 치르던 수학 시험과는 완전히 달랐다. 경시대회는 3차까지 치러졌는데, 1차도 어려웠지만 2차 시험부터는 처음 보는 문제가 많아졌다. 더구나 3차 시험은 아예 손도 대지 못했다. 결국 다른 아이들이 대표로 뽑혔다. 그 아이들은 평소에 나보다 수학 점수가 낮은 아이들이었다. 그런 아이들이 내가 손도 대지 못한 시험에서 거의 만점을 받았다는 것을 알고 너무나 자존심이 상했다. 경시학원을 다녀야겠다고 느낀 건 그때부터였다. 또 유학을 가려면 학교 대표로 경시대회에 나갈 정도의 실력은 갖춰야한다는 말을 어딘가에서 들어 더욱 경시학원에 가고 싶었다.

"꼭 필요하다면 다녀야지."

내 이야기를 들은 엄마가 말씀하셨다. 그러나 엄마의 표정은 어두웠다.

"고맙습니다."

기쁘면서도 걱정이 되었다. 엄마가 학원비를 주실 수 있을까? 영어 학원비도 겨우겨우 마련해 주시는데. 그런 걱정을 하고 있자니 문득 화가 나려고 했다.

'나처럼 학원 보내 달라면서 눈치 보는 애도 없을 거야. 아아, 우리 집은 언제 형편이 좋아질까?'

내 처지가 너무 싫었다. 집이 싫어지려고 했다. 웃옷을 걸치고 밖으로 나갔다. 답답했다. 마땅히 갈 곳도 없이 나는 동네를 쏘다녔다. 사방이 어둑어둑해 왔다. 마치 내 마음처럼.

집으로 돌아왔을 때도 내 마음은 어두운 채였다. 현관문을 열고 들어서자 전화를 하고 계신 엄마가 눈으로 나를 맞아 주셨다. 나는 방으로 들어가 웃옷을 벗었다. 옷걸이에 옷을 거는데 엄마의 조심스러운 목소리가 들려왔다.

"그럼 부탁해. 월급 받으면 갚을게."

무언가로 가슴을 얻어맞은 느낌이었다. 나 때문에 돈을 빌려야 하는 엄마를 생각하니 눈물이 나올 것 같았다.

'엄마……. 죄송해요. 엄마 힘든 것보다 제가 힘든 것만 생각했어요. 죄송해요, 엄마. 더 열심히 할게요.'

다음 날 학원을 찾아가 반을 편성하기 위한 시험을 쳤다. 선행 학습이 전혀 되어 있지 않았던 나는 경시반에 들어갈 수 있는 실력이 아니었다. 그러나 내가 학원 수업이나 과외를 받지 않고 전교 1등을 했다는 것. 원장 선생님은 그 사실에서 나의 가능성을 보시고 경시반에 넣어 주셨다. 경시반에는 하나같이 대단한 아이들뿐이었다.

'부산시 수학경시대회에서 최우수상을 받은 혜진이, 금상을 받은 은석이……. 내가 잘 할 수 있을까?'

내가 경시반에 들어갔을 때는 벌써 중학교 2학년 진도가 거의 끝나 가고 있었다.

'맙소사, 난 학교 진도에 맞춰 이제 막 1학년 과정을 시작했는데…….'

하는 수 없었다. 남들보다 열심히 해서 따라가는 수밖에. 나는 학원 수업이 없는 주말에도 선생님을 찾아가서 공부했다. 중1 수학 가운데 중요한 부분만 짚어 가면서 바로 2학년 과정으로 넘어갔다.

'충분히 이해할 시간이 없어. 진도를 빨리 나가야 하니까. 그래도 이게 어디야. 경시학원에 다니지 않는 애들보다는 훨씬 앞서 가잖아.'

그렇게 대충 이해하고 진도를 나가던 어느 날이었다. 2학년 과정의 연립방정식과 이차함수 수업을 듣고 있는데 도무지 이해가 되질 않았다.

"다들 이해했지? 그럼 문제 풀어 보자."

설명을 끝낸 선생님은 칠판에 문제를 적어 주셨다. 문제를 받아 적고 나니 앞이 캄캄했다. 다른 건 손도 못 대고 가장 간단한 연립방정식 문제부터 시작했다. 그런데 그 간단한 문제조차도 풀 수가 없었다.

전에도 수업 내용을 완전히 이해하지 못하긴 했다. 하지만 이번처럼 전혀 이해가 안 된 적은 없었다. 내가 끙끙거리는 사이 다른 아이들은 문제를 다 풀었는지 잡담을 하거나 장난을 치고 있었다.

"다들 풀었지?"

"예!"

아이들은 입을 모아 대답했다. 나는 가슴이 철렁 내려앉았다.

'한 문제도 못 풀었는데. 나한테 답을 물어보시면 어쩌지? 앞에 나와서 문제를 풀어 보라고 하면 어떻게 해.'

아이들 앞에서 망신을 당하는 내 모습이 떠올랐다.

다행히 선생님은 문제 풀이를 시키지 않으셨다. 직접 풀이를 해 주셨다. 나는 알아듣지도 못한 채 그저 받아 적기만 할 뿐이었다.

그때부터 매일 수업이 끝나면 선생님을 찾아갔다. 그런데 선생님이 아무리 쉽게 설명을 해 주셔도 잘 이해가 되지 않았다. 내가 너무 이해를 못하니까 선생님도 당황하셨다.

학원에만 가면 바보가 된 기분이었다. 내가 이렇게 수학을 못 했나 하는 생각에 머리가 아프고 가슴이 답답해졌다. 나중에는 아예 학원에만 가면 속이 울렁거리기 시작했다.

어느 날, 집에 오자마자 나는 욕실로 뛰어 들어갔다.

"웩!"

속의 것을 모두 토해 버리니 조금 나아지는 듯했다.

"현근아, 괜찮니?"

욕실 밖에서 엄마가 걱정스럽게 문을 두드리셨다.

나는 변기 위로 몸을 구부린 채 가만히 있었다. 속에서 신물이 올라와 괴로웠다. 머리도 무거웠다. 입을 헹구고 밖으로 나가자 엄마가 이마를 짚어 보셨다.

"다른 데 아픈 데는 없고?"

"예. 괜찮아요."

"경시학원 다니면서부터 스트레스를 많이 받는 것 같은데, 공부가 힘드니?"

"엄마, 사실은…… 저 너무 힘들어요. 못 따라가겠어요."

엄마의 얼굴이 걱정으로 어두워졌다.

"지금이라도 그만둘래? 아니면 다른 반으로 옮기든지."

"아니에요. 더 버텨 볼게요."

나는 방으로 들어가 책상에 앉았다. 그리고 다시 수학 책을 폈다. 손이 부들부들 떨렸다.

'안 돼. 그냥 물러설 순 없어. 여기서 그만둔다는 건 자존심 상하는 일이야. 경시반 애들을 따라가기 힘든 건 당연해. 그 애들은 오랫동안 경시 공부를 해 왔잖아. 조금만 더 열심히 하자. 지금은 어려워도 시간이 지나면 나아질 거야.'

그러나 각오와는 상관없이, 괴롭고 힘든 날들이 이어졌다.

수학이 재미있다니!

여전히 나는 풀리지 않는 문제를 붙들고 끙끙대고 있었다.

'왜 이 문제를 풀 수가 없는 거지? 학원에서 설명을 들었을 때는 알 것 같았는데, 막상 문제를 풀려고 하면 막막해. 어떻게 해야 할지 모르겠어. 난 정말 바보인가 봐.'

이런 생각을 하면서도 한편으론 이해할 수 없는 이유를

곰곰이 따져 봤다. 그러다 문득, 아주 중요한 사실을 깨달았다.

'난 선생님한테 설명을 듣기만 했지, 스스로 개념을 터득하지 못했어. 그래, 바로 그거야. 내가 이 문제를 풀지 못하는 이유는!'

그동안 나는 선생님한테 배웠다 하더라도, 반드시 내 스스로 정리하고 이해하는 시간을 가졌다. 그게 며칠이 걸리든. 그것이 나만의 공부 방식이었다.

'개념도 모르는데 문제집을 풀면 뭘 해. 문제집 말고 내가 스스로 개념을 정리할 교재가 있어야 해.'

그리고 가장 완벽하고 쉬운 교재는 교과서라는 생각이 들었다. 교과서는 반드시 배워야 하는 과정을 뽑아 놓은 필수 교재 아닌가. 가장 중요한 것은 교과서 안에 모두 있게 마련이었다. 교과서 없이 공부한다는 건 무기 없이 전쟁에 나가는 것과 마찬가지였다.

'그래! 중2 수학을 공부하면서 중2 수학 교과서가 없다니 말이 돼?'

나는 곧장 서점으로 달려갔다. 중2 수학 교과서를 사 들고 집으로 돌아왔다. 다시 책상에 앉아 교과서를 펼쳤다.

'이차함수와 연립방정식에 대한 부분이 어디 있지? 아, 여기 있다! 여기 있어!'

그 부분을 찬찬히 읽어 보았다. 내 생각이 맞았다. 교과서에는 기초적인 개념이 자세히 설명되어 있었다.

'진작 교과서 보고 공부할걸. 왜 그 생각을 못했을까? 기초도 없이 어려운 문제를 풀려고 했으니 당연히 안 됐지.'

차근차근 교과서를 읽으니까 그제야 좀 알 것 같았다.

'어느 정도 이해했으니 이젠 문제도 풀어 보자. 내가 제대로 이해했는지 알 수 있을 거야.'

교과서에 나와 있는 간단한 연습 문제를 풀기 시작했다. 자꾸 풀다 보니 차츰차츰 이해가 되었다.

'교과서에 있는 문제는 다 풀었어. 이젠 문제집을 풀어 볼까?'

교과서보다 어려운 문제들이었다. 모르는 문제가 더 많았다. 나는 또 끙끙대기 시작했다.

'도저히 안 되겠다. 내일 선생님께 여쭤 볼까? 아니야, 아무리 시간이 많이 걸려도 나 혼자서 해결해 보자. 고민을 많이 한 문제는 기억에 오래 남잖아. 내가 이 문제를 푸는 방법을 알아내면 결코 잊어버리지 않을 거야. 비슷한 문제가 나와도 풀 수 있을 거고.'

그렇게 두 시간이 흘러갔다. 한 문제를 가지고 두 시간이나 고민했는데 답이 나오지 않았다. 하지만 이번에는 내가 바보같다는 생각은 하지 않았다. 대신 해답지를 찾아 읽었다.

'아, 이렇게 푸는 거구나.'

두 시간 동안 고민한 뒤라 해답을 보자 금세 이해가 되었다.

'9번 문제 해결!'

그런데 10번 문제도 도저히 풀리지 않았다.

'걱정하지 마. 해답지라는 훌륭한 친구가 있잖아.'

이번에는 해답 전체를 보지 않고 앞부분만 보았다.

'힌트를 얻었으니 다시 풀어 보자.'

다 풀고 해답지를 보니 내가 푼 것이 맞았다.

'야호! 드디어 연립방정식을 풀었어! 학원에선 선생님 설명을 아무리 들어도 이해가 안 됐는데, 나 혼자 해냈어!'

하늘을 날아갈 것 같았다. 즐겁고 행복했다.

'수학이 이렇게 재미있는 줄 몰랐어!'

수학이 재미있다니, 놀라운 일이었다. 하지만 진짜였다. 내 앞에 어려운 수학 문제가 놓였을 때, 나는 계속 고민한다. 문제를 풀기 위해 이 방법도 써 보고 저 방법도 써 본다. 그 과정에서 실낱같은 힌트를 찾게 되고, 그 힌트가 해

결의 열쇠가 된다. 그 열쇠로 드디어 문제를 풀었을 때의 쾌감이란!

　수학의 재미에 푹 빠져 든 사이 두 달이 흘렀다. 두 달 동안 중2 수학을 다 마쳤다. 학원 수업도 문제없이 따라갔다. 전에는 창피해서 수업 시간에 질문도 못했지만 이제는 질문도 자신 있게 했다.

　'내가 모르는 건 다른 애들도 모를 거야.'

　내 생각은 대부분 맞았다.

　마침내 난 학교 대표로 부산시 수학경시대회에 참가할 수 있었다.

　결과는 동상이었다. 부산 전체에서 15등쯤 되는 성적이었다.

　'믿기지가 않아. 수업도 못 따라가 쩔쩔매고, 스트레스 받아서 토하기까지 하던 내가!'

　쟁쟁한 우리 학원 아이들보다도 좋은 결과였다. 감격스러웠다.

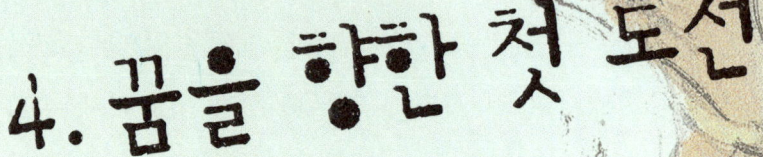

4. 꿈을 향한 첫 도전

그러는 사이 토플 시험 날짜가 다가왔다.
충분히 공부하지 못했지만
최선을 다하는 수밖에 없었다.
시험은 대학교 강의실에서 치러졌다.
어른들과 함께 헤드폰을 쓰고
컴퓨터로 시험을 치고 있자니 묘한 긴장감이 느껴졌다.

민사고를 알게 되다

중학교 3학년 때의 어느 날, 수학 문제를 풀고 있는데 아빠가 부르셨다.

"현근아! 와서 텔레비전 봐라."

'텔레비전 보는 것보다 수학 문제 푸는 게 더 재미있는데…….'

내가 대답하지 않자 아빠가 또다시 부르셨다.

"하버드 대학교 나온다!"

하버드 대학교? 귀가 번쩍 뜨였다. 나는 얼른 책상에서 일어났다.

"언제 시작했어요?"

"방금 시작했어."

아빠 옆에 앉아 텔레비전에 빠져 들었다. 설거지를 끝낸 엄마도 와서 내 옆에 앉으셨다.

텔레비전 화면에는 하버드 대학교의 멋진 벽돌 건물들,

1,500만 권이 넘는 책을 갖췄다는 도서관 내부, 잔디밭에 앉아 열심히 토론하는 학생들의 모습이 펼쳐졌다.

미국 명문 대학교에 관한 프로그램이 끝났을 때, 내 가슴은 쿵쾅쿵쾅 뛰고 있었다.

'나도 저런 곳에서 공부하고 싶어. 반드시 미국 유학을 갈 거야. 하지만……'

여전히 일자리를 구하러 다니시는 아빠, 매일 밤마다 끙끙 앓으시는 엄마. 과연 내가 유학을 갈 수 있을지 의심스러웠다. 미국 유학의 꿈은 자꾸 멀어져 가고 있었다. 마음이 울적했다.

'다른 애들은 집안 형편 걱정 없이 공부만 잘 하면 되겠지. 좋은 사교육 받으면서 열심히 유학 준비를 하고 있을 거야. 그런데 난…….'

그때 엄마가 뜻밖의 말씀을 하셨다.

"현근아, 강원도에 민족사관고등학교라는 데가 있다는데, 그 학교 국제반에 들어가면 유학을 갈 수 있대. 한번 도전해 볼래?"

"정말요? 그럼 해 봐야죠."

엄마는 역시 내 꿈을 잊지 않으셨다. 일부러 텔레비전을 보게 하신 아빠도.

'민사고 국제반에 들어가면 유학을 갈 수 있다!'

다음 날부터 나는 민사고에 대해 알아보기 시작했다.

'민사고에는 국내반과 국제반이 있구나. 국제반에 지원하려면 영어 성적이 좋아야 하네. 적어도 토플(영어로 수업을 받을 수 있는지 평가하는 시험) 260점은 돼야 하는구나. 국내반은 220점인데. 그런데 어른들도 200점 이상 받기가 쉽지 않다고 하던데, 260점을 어떻게 받지?'

걱정만 하고 있을 수는 없었다. 나는 토플에 집중하기 시작했다. 하지만 집안 형편상 과외를 받을 수도 없고, 다른 학원을 다닐 수도 없었다. 그래서 다니고 있는 영어 학원에서 가르쳐 주는 대로 토플을 공부했다.

토플은 듣기, 문법, 독해, 영작으로 이루어져 있는데 공부할 게 많았다. 문법은 학원 선생님이 잘 가르쳐 주셨는데, 문제는 그 나머지 부분이었다.

'초등학교 2학년 때부터 영어 공부를 했는데 아직도 영어가 잘 안 들려. 독해노 어렵고. 영작은 또 어디서 가르쳐 주는 거지? 어떻게 해야 할지 모르겠어.'

주어진 시간도 얼마 없었다.

'내가 친구들보다 영어를 훨씬 잘 한다고 생각했는데, 완전히 착각이었어.'

실력이 없으니 마음이 급했다. 아빠 말씀대로 영어는 하루아침에 되는 것이 아니었다.

'최대한 빨리 실력을 올릴 수 있는 방법을 찾아보자.'

인터넷을 검색해 토플로 유명한 사이트를 찾았다. 게시판에 들어가 '공부 비법'을 읽어 보았다.

'토플의 고수들이 하는 얘기니까 그대로 따라하자.'

그런데 공부를 하다 보니 생각보다 시간이 많이 걸리고 점수도 오르지 않았다.

'뭐야? 이 방법이 아닌 거야?'

나는 또 다른 비법을 찾아 나섰다. 정작 공부는 소홀히 하고 공부 방법만 찾아 헤맨 셈이었다.

그러는 사이 토플 시험 날짜가 다가왔다. 충분히 공부하지 못했지만 최선을 다하는 수밖에 없었다. 시험은 대학교 강의실에서 치러졌다. 어른들과 함께 헤드폰을 쓰고 컴퓨터로 시험을 치고 있자니 묘한 긴장감이 느껴졌다.

며칠 후 점수가 나왔다. 250점이었다. 생각보다 좋은 점수였지만, 국제반에 지원할 수 있는 점수는 아니었다. 하지만 포기하기엔 아직 일렀다.

'할 수 없지. 일단 국내반에 들어가자. 나중에 영어 실력을 키워서 국제반으로 옮기자.'

나는 국내반에 지원하는 서류를 민사고에 냈다. 1차 서류 전형에서 떨어질 것 같지는 않았다. 하지만 워낙 공부 잘 하는 학생들이 지원을 하니 모르는 일이었다. 결과가 나오는 날까지 시간은 더디게도 흘렀다. 결과를 기다리느라 기운이 다 빠질 정도였다.

드디어 그날이 돌아왔다. 나는 합격자 명단에서 내 이름을 찾고 있었다. 30명 정도 되는 합격자들 사이에 내 이름이 있기를 간절히 바랐다.

'김현근. 아, 내 이름이 있어!'

뛸 듯이 기뻤다. 그러나 기쁨도 잠시, 나는 합격자들의 점수를 보고 입을 다물지 못했다.

국내반 합격자들의 토플 점수는 평균 260점 가까이 되었고, 국제반은 277점이었다.

'대단하다. 대부분 나보다 점수가 높잖아. 대체 어떻게들 공부한 거야?'

하지만 2차 전형이 남아 있었다. 수학 면접과 논술 시험을 보는데 둘 다 평소 실력대로 하면 될 것 같았다.

'글쓰기야 자신 있고, 수학은 경시대회 준비하면서 쌓은 실력이 있으니까 아무래도 다른 애들보다 잘 할 수 있겠지? 고등학교 수학도 미리 배웠는데 설마 못 푸는 문제는 없을 거야. 1차에도 보기 좋게 붙었잖아. 2차도 별거 아닐 거야.'

2차 전형 날은 점점 다가오고 있었다.

아쉬운 시험

드디어 2차 전형이 하루 앞으로 다가왔다. 우리 가족은 민사고와 가까운 강원도 원주로 출발했다. 마치 여행이라도 가는 것 같았다. 특히 동생 현아가 제일 좋아했다.

"오빠 덕분에 강원도에도 가 보네. 나 강원도는 처음이야."

"처음은. 어렸을 때 설악산에 갔던 거 기억 안 나?"

"설악산이요? 몇 번 갔죠. 아, 맞다. 설악산이 강원도에 있지."

"하하."

현아 때문에 모두 웃었지만 난 긴장되는 걸 어쩔 수 없었다. 소풍이 아니라 시험을 보러 가는 길이었으니까. 게다가 평소와 달리 엄마는 이런 말씀을 하셨다.

"현근아, 잘 해라. 네가 꼭 합격했으면 좋겠어."

아빠도 한마디 하셨다.

"아빠도 현근이가 민사고에 다니는 걸 보고 싶구나."

"예. 최선을 다할게요."

원주에 닿았을 때 밖은 캄캄한 어둠이었다. 우리 가족은 나란히 찜질방으로 들어갔다. 이번에도 현아가 제일 좋아했다. 하지만 난 알고 있었다. 찜질방에 묵는 건 여관보다 싸기 때문이란 걸.

안으로 들어가니 사람들이 많아 복잡했다. 텔레비전 소리, 음식 냄새, 사람들 말소리……. 조용한 곳에서 하룻밤을 묵고 싶었지만 어쩔 수 없었다.

'이렇게 사람들이 왔다 갔다 하는데 잠을 잘 수 있을까? 게다가 내일은 시험인데.'

밤이 깊어지자 찜질방은 조용해졌다. 여기저기서 자리를 잡고 눕는 사람들이 보였다. 우리 가족도 한곳에 자리를 잡고 나란히 누워 눈을 감았다. 후텁지근한데다 마음이 뒤숭숭해서 좀처럼 잠을 잘 수가 없었다. 한참을 뒤척거리다

겨우 잠이 드는가 싶더니 어느새 아침이었다. 피곤이 채 풀리지 않았지만 얼른 일어났다.

'드디어 오늘이구나.'

우리 가족은 앞서거니 뒤서거니 일어나 목욕을 하고 짐을 챙겼다. 찜질방을 나온 우리는 다시 민사고가 있는 횡성으로 향했다.

민사고에 도착했을 때, 내 입에선 탄성이 흘러나왔다.

"와!"

넓고 평화로운 교정, 고풍스런 학교 건물이 눈을 사로잡았다.

'아! 이렇게 멋진 곳에서 공부하고 싶어.'

꼭 합격하고 싶었다. 갑자기 별다른 시험 준비를 하지 않은 것이 걱정이 되었다. 점심을 먹기 위해 학교 식당으로 가는데 마음이 무거웠다.

'내가 합격할 수 있을까? 공부 잘 하는 아이들은 다 왔을 텐데.'

식당에 늘어서자마자 현아가 들뜬 목소리로 말했다.

"와, 맛있겠다! 오빠, 좀 봐. 뷔페야. 무슨 고등학교가 이렇게 좋아?"

현아 말대로 음식들은 가짓수도 많았고 모두 맛있어 보였다.

'합격하면 계속 이런 음식을 먹겠구나. 훌륭한 시설에 훌륭한 음식, 좋겠다.'

각자 접시에 음식을 담아 와 테이블에 모여 앉았다. 현아의 접시가 제일 풍성했다. 엄마 아빠도 시장하셨는지 맛있

게 음식을 드셨다. 하지만 나는 입맛이 없었다.

　점심을 먹고 식당을 나왔다. 시험 시간까지는 아직 여유가 있었다. 가족들은 학교 주위를 둘러보다가 학부모 오리엔테이션장으로 갔고, 나는 시험 대기실로 발걸음을 옮겼다.

　대기실로 들어섰을 때 도서관에 온 것 같은 착각에 빠졌다. 학생들은 책을 펼쳐 들고 마지막 정리에 몰두하고 있

었다. 가슴이 덜컥 내려앉았다.

'시험 직전까지 저렇게 열심히들 하는구나. 나는 별다른 준비를 안 했는데……. 그래도 겁먹지 말자. 침착하게 잘하면 될 거야.'

드디어 시험 시간, 논술이었다. 과제는 '노블리스 오블리제(상류 계층이 행해야 할 사회적 책임)'에 대해서 쓰는 것이었다.

'다행이야. 평소에 관심 있는 주제가 나와서.'

나는 한국과 미국의 경우를 비교해 가면서 차근차근 생각을 써 내려갔다. 나름대로 만족스러웠다. 그런데 마지막 질문이 나를 난감하게 했다.

'민족사관학교 국내반에 입학한다면 국제반으로 옮길 생각이 있습니까?'

답으로는 '예', '아니오', '모르겠습니다' 세 가지가 제시되어 있었다.

'뭐라고 대답해야 할까? 나야 당연히 국제반으로 옮기고 싶지. 유학은 내 오랜 꿈인데. 그러니 예라고 답해야겠지?'

그 순간 또 다른 생각이 들었다.

'아냐. 토플 점수가 모자라서 국내반에 지원을 해 놓고, 국제반으로 옮기겠다고 하면 나쁜 인상을 주지 않을까? 아니오라고 답해야겠지?'

갈피를 잡을 수 없었다. 고민을 거듭했지만 답이 나오지 않았다.

'도대체 정답이 뭐야?'

결국 나는 '모르겠습니다'를 선택했다.

시험을 마치고 교실을 나왔다. 저만치 가족들 모습이 보였다. 현아가 손을 흔들었다. 가족들에게 다가가자 제일 먼저 엄마가 물으셨다.

"잘 했니?"

"예. 그런데 마지막 문제가 마음에 걸려요. 국제반으로 옮길 생각이 있냐는 문제였어요. 그냥 모르겠다고 했어요."

"저런, 그러겠다고 답하지."

"예? 왜요?"

"방금 학부모 오리엔테이션에서 선생님이 그러시더라. 앞으로 국세반을 늘려서 외국 대학 합격자를 많이 낼 계획이라고. 그래서 국내반 학생들도 국제반으로 많이 옮겼으면 좋겠다고 하시더라."

"그래요? 아, 어떻게 해. 내 생각대로 '예'라고 답할 걸 너무 이것저것 따졌나 봐요."

그러나 후회하고 있을 시간이 없었다. 곧 수학 면접이 치러질 거였다. 시험장으로 가려는데 현아가 불렀다.

"참, 오빠."

"응?"

"이 학교 학비가 엄청 비싸대."

"엄마, 정말이에요?"

엄마의 얼굴에 당황스러운 기색이 번졌다.

"우리도 방금 알았지 뭐니. 하지만 걱정하지 마. 넌 시험만 잘 보면 돼."

시험장으로 가는 발걸음에 힘이 하나도 없었다.

문제가 나오기를 기다리는 동안에도 마음이 무거웠다. 마침내 수학 문제가 공개되었다. 모두 두 문제였는데, 머릿속이 하얗게 바래는 것 같았다.

'분명히 경시 공부를 하면서 배운 내용인데……. 한 문제는 풀이 방법이 생각나지 않아.'

마음을 가라앉히고 풀이 방법을 고민했다. 내가 가진 수학 지식을 총동원했다.

'아, 겨우 생각해 냈네. 하지만 이건 너무 끼워 맞추기 식의 풀이야. 이걸 발표할 수 있을까? 아니, 망신만 당할 거야. 그냥 모른다고 대답하자.'

결국 두 문제 가운데 한 문제는 풀이 방법을 준비하지 않은 채 면접실로 들어갔다.

'어떻게든 되겠지.'

선생님 앞에서 문제를 풀어 보이기 시작했다. 한 문제를 다 풀고 났을 때 내가 말했다.

"다른 한 문제는 풀이 방법을 잘 모르겠습니다."

그러자 선생님은 내게 풀이 방법을 설명해 주셨다. 선생님의 설명을 들을수록 내 눈은 점점 커다래져 갔다.

'내가 처음에 생각했던 거랑 똑같잖아? 난 끼워 맞추기 식이라고 생각했는데……. 내가 어렵게 생각해 낸 풀이 방법이 맞았어. 그런데 왜 틀렸다고 생각했을까?'

내 생각과 똑같은 내용을 말씀하고 계시는 선생님. 나는 묵묵히 바라볼 수밖에 없었다. 참담했다.

5. 달려라, 현근!

한 장 한 장 펼쳐 보며 기사들을 읽고 있는데
'부산에 과학영재학교 설립'이란 제목이 눈에 들어왔다.
'과학영재학교? 여기 부산에?'
눈이 번쩍 떠졌다. 나는 계속 기사를 읽어 나갔다.
내가 고등학교에 들어가는 해부터
한국과학영재학교가 생긴다는 내용이었다.

꿈이 사라진 어느 날

'오늘이다. 시험 결과 나오는 날.'

아침에 눈을 뜨자마자 그 생각부터 들었다.

'합격했을 거야. 평소 실력이 있으니까.'

'설마 내가 될까? 전국에서 겨우 20명쯤 뽑는데.'

머릿속에서 두 가지 생각이 서로 힘을 겨루고 있었다.

'아냐, 붙었을 거야. 수학 문제 하나는 못 풀었지만, 논술은 잘 했잖아.'

'겨우 두 문제 중 한 문제를 못 풀었는데, 어떻게 붙어.'

일어나자마자 민사고 홈페이지에 들어가 보았다. 그러나 아직 합격자 발표가 나와 있지 않았다.

아침을 먹는 둥 마는 둥 하고 학교로 향했다.

학교에 도착해서도 결과가 궁금해 안절부절못했다. 4교시가 끝나고 점심시간이 되었다.

나는 곧장 컴퓨터실로 갔다. 민사고 홈페이지에 들어가

니 합격자 명단이 올라와 있었다. 떨리는 마음으로 마우스를 클릭했다. 곧 눈앞이 캄캄해졌다.

'없어. 내 이름이 없어.'

아무리 찾아봐도 내 이름은 없었다. 불합격이었다.

'꿈을 이룰 수 있는 유일한 길이었는데…… 그럼, 이제 난 어떻게 되는 거지? 유학은? 내 꿈은? 내가 다 망쳐 버렸어.'

모든 것이 때늦은 후회로 다가왔다. 내 자신이 너무도 한심스럽고 원망스러웠다. 아무도 없는 곳에 가서 펑펑 울고 싶었다.

컴퓨터실을 나와 힘없이 복도를 걷고 있는데, 맞은편에서 담임선생님이 걸어오고 계셨다. 나도 모르게 고개가 숙여졌다.

"현근아, 발표 나왔니?"

마치 지나가는 말처럼 선생님이 물으셨다.

"예."

차마 떨어졌다는 말까지는 할 수가 없었다. 선생님은 내 얼굴을 가만히 들여다보셨다. 내 대답을 기다리고 계셨다.

"저…… 떨어졌어요."

언제나 나를 격려하고 응원해 주셨던 선생님. 나에 대한

기대가 누구보다 크시다는 걸 난 잘 알고 있었다. 그런 선생님께 불합격 소식을 전하게 되다니……. 내가 미웠다.

"괜찮아, 힘내."

선생님은 미소를 지으며 내 어깨를 두드리셨다.

"예."

선생님은 복도 끝으로 멀어져 가셨고 나는 교실로 향했다. 교실이 가까워 올수록 내 마음은 무거워졌다.

'친구들에게는 뭐라고 하지? 1차에 붙었을 때 자기 일처럼 기뻐해 주었는데.'

얼마 후 드디어 걱정했던 일이 벌어졌다.

"현근아, 민사고 어떻게 됐냐?"

말하기 싫었다. 그럴 수만 있다면 숨기고 싶었다.

"아직 발표 안 났어?"

"발표 났어. 나, 떨어졌어."

"진짜? 야! 농담하지 말고."

"농담 아냐."

그러고는 화장실에 가는 척 교실을 나왔다. 찬물로 세수를 하고 거울을 보았다. 거울 속에 비친 내 얼굴이 참 못나 보였다.

'김현근, 넌 네 발로 네 꿈을 차 버렸어. 준비도 제대로 안 하고 시험을 봤어. 잔뜩 주눅이 들어 가지고는 어렵게 생각해 낸 답도 말 못하고. 이제 어떻게 유학을 갈래? 엄마는 꿈을 포기할까 봐 민사고를 권해 주셨는데. 엄마 아빠한테 죄송해서 어떻게 해.'

다시 교실로 들어가다가 난 아이들이 하는 말을 듣고 말았다.

"여기서 만날 전교 1등이면 뭐해? 전국에서 모인 애들한테는 맥없이 무너지는데."

"그러게 말이야. 김현근도 별수 없구나."

울컥 서러움이 북받쳤다. 하지만 아무 일 없었다는 듯 내 자리로 가 앉았다.

학교가 끝났을 때 난 집으로 가는 대신 미용실로 향했다. 머리를 자를 때가 되기도 했지만 집으로 곧장 가기가 싫었다. 부모님께 어떻게 말씀드려야 할지 막막했다.

미용실 누나는 반갑게 날 맞아 주었다.

"현근이 왔구나. 머리 자르려고?"

"예. 짧게 잘라 주세요."

누나가 어깨에 가운을 걸쳐 주면서 물었다.

"참, 민사고는 어떻게 됐니?"

순간, 가슴이 덜컥 내려앉았다. 지난번에 왔을 때 민사고 시험을 본다는 이야기를 했던 기억이 났다. 누나는 그 이야기를 잊지 않고 있었던 것이다.

"그게…… 붙었어요."

나도 모르게 거짓말이 튀어나왔다. 도저히 사실대로 말할 용기가 나지 않았다.

"정말? 너무너무 축하한다. 그 어려운 민사고에 합격하다니, 참 기특하구나."

누나의 웃는 얼굴을 보자 얼굴이 화끈거렸다.

'김현근, 이젠 거짓말까지 하는구나. 정말로 붙었으면 거짓말 같은 건 하지 않아도 되잖아. 시험 준비를 제대로 했다면 합격했다고 당당하게 말할 수도 있었을 텐데. 이 바보 멍청이. 언젠가 들키고 말 텐데. 이를 어쩌지.'

머리를 자르고 미용실을 나올 때 누나가 또 한 번 활짝 웃었다.

"다시 한 번 축하한다."

나는 아무 말도 하지 못했다.

집에 돌아왔을 때, 엄마를 보자 눈물이 핑 돌았다.

"엄마……. 불합격이래요."

"……."

"죄송해요."

"아니다, 죄송하긴. 차라리 잘 됐지 뭐. 민사고는 학비가 너무 비싸서 걱정했는데."

엄마는 더 이상 민사고 이야기는 하지 않으셨다. 내 기분이 어떤지 누구보다 잘 알고 계실 엄마. 엄마의 실망이 제일 컸겠지만 전혀 내색하지 않으셨다. 아빠도 마찬가지셨다.

며칠 동안 난 아무것도 할 수 없었다. 밥맛도 잃었고, 책도 손에 잡히지 않았다. 학교 가는 것도 싫었다. 온몸에 기운이 하나도 없었다.

'나는 꿈을 잃었어. 꿈을 잃었으니 세상을 잃은 거나 마찬가지야.'

이미 미국 명문 대학교를 향한 기차는 떠나갔다. 그것을 놓친 이상 우리 집 형편으로는 미국 유학은 불가능했다.

'난 그동안 공부에서는 실패해 본 적이 없어. 목표를 세우면 그 목표를 향해 뒤돌아보지 않고 달렸어. 그리고 결국 해냈어. 그런데 이번엔 왜 안 됐던 것일까?'

문득 전에 읽었던 고승덕 변호사님의 글이 생각났다. 실제로 어떤 일을 할 때 자신이 무조건 해낼 것이라고 믿는 사람은 전체의 15퍼센트밖에 안 된다고 한다. 나머지 85퍼센트는 '내가 할 수 있을까' 하고 의심하고 '난 안 될 거야'라고 미리 포기하기 때문에 실패할 수밖에 없다고 한다.

'그래, 나는 할 수 있다는 생각이 부족했어. 자신감이 없었어. 전국에서 모여든 쟁쟁한 아이들을 이길 수 없다고 생각했어. 2차 전형은 제대로 준비도 안 했어. 그래서 떨어진 거야.'

나는 다시 책을 펼쳐 들었다. 하지만 전처럼 즐겁지 않았다. 마음 한구석이 계속 허전했다. 꿈과 목표를 잃었기 때문이었다. 꿈과 목표가 없다면, 열심히 할 수 있는 일이 얼마나 될까?

'아아, 내게 다시 기회가 왔으면……. 난 정말 유학을 가고 싶어.'

다시 기회가 오기를, 나는 간절히 바랐다.

다시 한번 도전하는 거야

민사고 불합격. 그 충격에서 벗어나기가 힘들었다. 다시 공부에 집중했고, 그 모습은 예전과 다르지 않았다. 하지만 변한 것이 있었다. 그건 공부를 하는 내 마음이었다. 내 마음에는 기쁨이 없었다. 그저 습관대로 할 뿐이었다.

그러던 어느 날이었다. 나는 아빠가 오려 두신 기사를 들춰 보고 있었다. 아빠는 신문이나 잡지를 보시다가, 교육에 관한 기사가 나오면 꼭 오려 두시곤 했다. 물론 현아와 나를 위해서였다.

한 장 한 장 펼쳐 보며 기사들을 읽고 있는데 '부산에 과학영재학교 설립'이란 제목이 눈에 들어왔다.

'과학영재학교? 여기 부산에?'

눈이 번쩍 떠졌다. 나는 계속 기사를 읽어 나갔다.

내가 고등학교에 들어가는 해부터 한국과학영재학교가 생긴다는 내용이었다. 학비가 거의 무료인데다가 외국 유학을 가기에 유리하다는 내용이 눈에 띄었다. 가슴이 마구 뛰었다.

'이 학교에 들어가면 유학을 갈 수 있을지도 몰라!'

나는 자료를 모으기 시작했다. 한국과학영재학교 홈페이지에도 들어가 보았다. 입학 설명회가 열린다는 공지 사항에 내 눈은 반짝 빛났다.

마침내 입학 설명회가 열리는 날. 친구와 함께 설명회 장소를 찾아갔다. 설명회장은 수많은 아이들과 학부모님들로 북적거렸다. 과학영재학교에 대한 큰 관심을 느낄 수 있었다. 이윽고 설명회가 시작되었다.
 "저희 학교는 과학 영재를 길러내기 위해 국가에서 수백

억 원을 들여 세운 학교입니다. …… 영어로 된 교재를 사용하며, 전교생에게 해외 연수의 기회를 제공합니다. 저희 학교를 졸업하면 카이스트와 포항공대에 특차로 입학할 수 있으며, 학생이 원할 경우 유학도 적극적으로 지원해 줍니다. 선생님들이 유학 준비를 도와주며, 외국 명문 대학과의 협력도 모색하고 있습니다."

귀가 활짝 열리는 기분이었다.

'유학을 지원한다고? 바로 이거야! 여기 도전하는 거야!'

이것이 바로 내게 주어진 또 한 번의 기회라는 생각이 들었다.

'하느님이 나를 버리지 않으셨구나! 꼭 이 학교에 들어가고 말 거야.'

한편으로는 걱정도 되었다.

'그런데 내가 과학 영재라고 할 수 있나? 과학이라곤 학교 공부 열심히 한 것뿐인데…… 전국에서 날고 기는 과학 영재들이 다 올 텐데 시험은 얼마나 어려울까?'

그러나 난 곧 마음을 바꿨다.

'도전도 안 해 보고 포기할 순 없어. 꿈을 이룰 기회는 이것뿐이니까.'

일단 지원해 봐야 했다.

과학영재학교의 1차 시험도 서류 전형이었다. 1차 시험에서는 중학교 때의 과학과 수학 성적으로 모두 1,500명을 뽑았다. 상을 받은 경력과 자기소개서도 필요했다.

'학교 성적은 좋으니까 됐어. 부산 수학경시대회에서 동상을 받은 일이 있으니 이것도 됐고. 자기소개서만 잘 쓰면 돼.'

나는 자기소개서를 써 내려가기 시작했다. 우선 생물학을 전공하고 싶다는 이야기를 썼다. 내가 생각하는 생명과학에 대해서도 썼다. 여러 번 다듬은 끝에 자기소개서가 완성되었다.

나는 필요한 서류를 갖춰 과학영재학교에 지원서를 냈다.

다행히 1차는 무난하게 통과했다. 문제는 2차 시험이었다.

'수학은 어느 정도 자신 있어. 하지만 과학은 어쩌지? 선행 학습도 전혀 안 되어 있는데. 지금 과학 공부를 시작한다고 해서 실력이 늘까? 시간이 얼마 남지 않았잖아.'

그렇다고 아무것도 안 할 수는 없었다. 지난번에도 별다른 준비 없이 시험을 치렀다가 실패했으니까. 시험 준비는, 시험을 치르기 1분 전까지도 철저히 해야 했다.

'그게 시험에 대한 예의잖아. 마지막까지 최선을 다해야지.'

하지만 막막하기만 했다. 어떤 문제가 나올지 알 수 없었다.

'그래, 윤환이한테 물어보자. 윤환이는 과학경시대회에서 상을 탄 적도 있으니까 나보다는 잘 알 거야.'

윤환이는 나와 함께 과학영재학교에 지원한 친구였다. 그 친구도 1차에 붙고 2차 준비를 하고 있었다. 쉬는 시간이 되자마자 3반으로 달려갔다.

"윤환아!"

"무슨 일 났냐? 왜 이렇게 급해?"

"과학영재학교 시험 말이야, 과학은 어떤 문제가 나올까?"

"내가 문제 내는 것도 아닌데 나라고 그걸 알 수 있겠냐? 어쨌든 내 생각엔 경시대회 문제 같은 건 안 나올 것 같아."

"왜?"

"경시대회 문제는 선행 학습이 돼야 풀 수 있잖아."

"그렇지."

"단순히 선행 학습이 잘 된 아이를 영재라고 할 수는 없는 거니까. 아마도 영재성을 시험할 수 있는 창의적인 문제가 나오지 않겠어?"

"듣고 보니 그렇네. 고마워. 궁금한 거 있으면 또 물어보러 올게."

수업이 끝나고 나는 또 윤환이를 찾아갔다. 이번에는 물어보지도 않았는데 윤환이가 먼저 알려 주었다.

"창의력 경시대회라고 아니?"

"들어 본 것 같아."

"홈페이지 있거든. 거기 들어가서 기출문제 분석해 보면 도움이 될 거야."

집에 돌아가자마자 '창의력 경시대회' 홈페이지에 들어가 보았다. 윤환이 말대로 지금까지 출제되었던 문제들이 죽 나와 있었다.

'아, 이런 문제도 있구나.'

나는 문제들을 찾아보고 답안을 분석했다. 고등학교 과목인 물리Ⅱ, 화학Ⅱ를 풀어 보는 것보다 도움이 될 듯했다.

'윤환이한테 떡볶이라도 쏴야겠는걸. 자식, 고맙다.'

드디어 2차 시험 날이 돌아왔다. 첫 번째 시간에는 수학 시험을 보았다. 고등학교 과정을 알아야만 풀 수 있는 문제는 나오지 않았다. 경시대회 문제와도 다른 유형이었다. 생각하는 힘이 필요한 문제들이었다.

두 번째 시간은 걱정하던 과학 시험. 문제를 보자마자 나는 깜짝 놀라고 말았다.

'바다 밑에 있는 메탄가스를 물 위로 안전하게 옮기는 방법을 쓰라고?'

배운 적도 없고, 들어 보지도 못한 문제였다. 몹시 당황스러웠다.

나는 창의력 경시대회 홈페이지에서 본 내용들을 떠올렸다. 거기서 배운 내용을 최대한 활용해 답을 썼다. 그런데 아무래도 틀린 것 같았다.

'아냐, 민사고 시험 때도 그랬잖아. 틀렸다고 생각하지 말자. 쓸 수 있는 말은 다 쓰는 거야.'

그렇게 마음을 다잡고 문제들을 풀어 나갔다.

시험이 끝났을 때, 마음이 불편했다. 나는 물론 최선을 다했다. 하지만 답이 아니라 소설을 쓴 기분이었다.

'또 떨어지는 거 아닐까? 생각만 해도 끔찍해.'

발표일을 기다리는 동안 나는 몇 번이나 악몽을 꾸었다.

6. 영재가 아니면 어때?

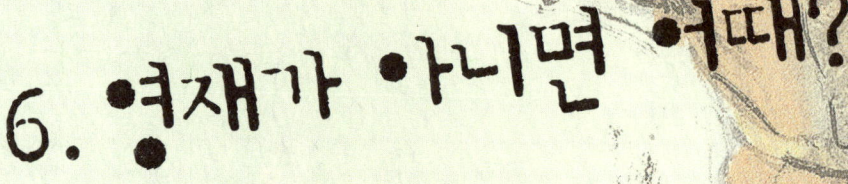

그때 승우가 입을 열었다.
"영수야, 어서 와."
"형, 안녕하세요?"
"너희들, 영수 모르지? 열세 살 꼬마 천재야.
'한국물리토너먼트' 전국 대회에서 만났어.
우리 둘이 결승전에서 붙었더랬지.
영수는 앞으로 물리를 전공하고 싶대."

마지막 시험

시간은 어김없이 흘러갔다. 나는 2차 합격자 발표일을 초조하게 기다렸다. 한편으로는 그날이 오지 않기를 바라기도 했다. 또다시 떨어진다면 정말 비참할 것 같았다. 그러나 큰 기대는 하지 않았다. 과학 시험 답안을 소설처럼 쓰고 나왔으니까.

드디어 2차 합격자 발표일이 되었다. 나는 떨리는 손으로 합격자를 검색하고 있었다.

'어?'

나는 눈을 비볐다.

'잘못 본 거 아닐까?'

다시 한 번 이름을 보았다.

심현근.

틀림없는 내 이름이었다.

'내가 2차 시험에 붙은 거야?'

믿을 수가 없었다. 그러나 다음 순간, 나는 환호성을 지르고 있었다.

"야호! 이제 3차 시험만 합격하면 된다!"

3차 시험은 대전에 있는 카이스트(KAIST, 한국과학기술원)에서 3박 4일간 치러진다고 했다.

나는 그 길로 도서관에 가서 과학 잡지들을 모조리 읽었다. 《과학동아》 같은 잡지에는 과학 지식들이 많이 실려 있었다. 『수학 없는 물리』 같은 읽기 쉬운 과학 교재를 구해서 고등학교 과학도 간단하게나마 공부했다. 시험에 도움이 될 것 같았다.

마침내 3차 시험 전날. 나는 혼자서 대전으로 향했다. 날씨도 좋았고 기분도 좋았다.

카이스트에 도착해서는 방을 배정 받았는데, 두 친구와 함께 방을 쓰게 되었다. 처음 보는 사이라 분위기가 서먹서먹했다. 그때 한 친구가 먼저 말을 꺼냈다.

"음악 들을래? 노트북 가져왔는데."

"음악 좋지."

"난 추승우라고 해."

"난 이동현."

"김현근이야. 반갑다, 애들아."

승우와 동현이는 모두 컴퓨터 전공이었다. 특히 승우는 여러 가지 컴퓨터 자격증을 갖고 있었고, 정보올림피아드에서 대상을 받은 적도 있었다. 게다가 초등학교 때 개발한 컴퓨터 프로그램은 이미 판매가 되고 있었다. 나보다 한 살 어린 승우는 한마디로 컴퓨터 천재였다.

이내 승우와 동현이는 컴퓨터에 관한 이야기를 나누기 시작했다. 난 무슨 말인지 하나도 알아들을 수가 없었다.

'이 아이들이 나랑 같은 또래란 말이야? 그동안 난 뭘 했지?'

얼마 지나지 않아 우리 방에는 많은 아이들이 찾아왔다. 승우가 노트북을 갖고 있기 때문이었다. 그 중에는 키 작은 꼬마도 끼어 있었다.

'저 아인 누구야? 형 따라왔나?'

그때 승우가 입을 열었다.

"영수야, 어서 와."

"형, 안녕하세요?"

"너희들, 영수 모르지? 열세 살 꼬마 천재야. '한국물리 토너먼트' 전국 대회에서 만났어. 우리 둘이 결승전에서 붙었더랬지. 영수는 앞으로 물리를 전공하고 싶대."
 승우의 소개가 끝나자 영수는 물리에 대해 이야기하기 시작했다.
 "아! 그런데 승우 형. 나 물어볼 게 있어요."
 "뭔데?"
 "가우스 법칙이 잘 이해가 안 돼서요.

가우스 폐곡면 내부 전하량이 0이면 전기력선속은 0이잖아요. 그런데 전기장은 0이 아니라던데 어떻게 그렇게 되는 거예요?"

"잘 봐. 이렇게 전하가 가우스 면 밖에 있다고 하면 전기장은 면을 뚫고 지나가니까 당연히 전기장은 존재하지만, 전기력선은 들어온 만큼 다시 나가니까 전기력선속은 0이 될 수밖에 없지?"

"아~ 이렇게 그림으로 보니까 이해가 되네. 형 고마워요."

나는 놀란 입을 다물지 못했다. 높은 벽에 쾅하고 부딪힌 느낌이었다.

'맙소사, 가우스 법칙? 그게 도대체 뭐지? 애들이 말로만 듣던 과학 천재들인 거구나. 내가 있을 곳이 아닌 것 같아.'

자신감이 사라지면서 주눅이 들었다. 아이들과 나의 수준 차이가 너무도 커 보이고 걱정이 되었다.

'이런 애들이 수두룩할 텐데 내가 과연 시험에 붙을 수 있을까? 설사 시험에 붙는다 하더라도 저런 천재들을 따라잡을 수 있을까?'

그런데 불안하면서도, 한편으론 기대가 되기도 했다.

'이렇게 대단한 아이들과 함께 공부할 수 있다면 얼마나 좋을까. 신기하고 재미있는 일이 잔뜩 벌어질 텐데.'

다음 날 아침, 첫 시험이 시작되었다. 과학 논술이었는데 '미래의 내 모습'을 써 보라는 문제가 주어졌다. 이거라면 자신이 있었다. 과학 잡지에서 프로테옴(체내단백질지도)을 처음 봤을 때부터 프로테옴 연구를 하고 싶다고 생각해 왔기 때문이다. 나는 20년 뒤 프로테옴 연구자가 되어 있는 모습을 실감나게 써 나갔다. 쓰다 보니 내가 정말 그렇게 된 것 같아 들뜨고 행복했다. 시험을 보고 있다는 사실도 잊을 만큼.

둘째 날은 수리·물리 시험이었다. 그런데 9시간이나 시험을 본다고 했다.

'어떻게 한 과목을 9시간 동안이나 보지? 수능도 9시간은 안 보는데…….'

드디어 시험 감독 선생님이 들어오셨다. 선생님은 한 뭉치의 자료를 나눠 주셨다. 문제를 풀 때 참고할 자료였는데 영어로 된 논문과 사서삼경에서 발췌한 한문 자료도 있었다.

시험지를 받아 본 아이들은 다들 기막혀 했다. 여기저기서 한숨 소리가 들렸다. 예상을 완전히 벗어난 문제들이었던 것이다.

'신이라고 생각하고 새로운 태양계를 구성하라.'
'새로 구성한 태양계의 지구에서 쓸 음력 달력과 양력 달력을 만들어라.'

나는 자료를 보면서 내용을 찾고, 그림을 그려 가며 답을 썼다. 9시간은 결코 긴 시간이 아니었다. 9시간 동안 꼬박 답안지를 작성하고 나와 보니, 다른 아이들은 미리 나와 답에 대해 토론을 하고 있었다. 아이들의 토론을 들으면서 내가 만유인력의 법칙인 Gmm'/r^2을 잘못 이해하고 있다는 것도 알게 되었다.

 그 다음 날은 화학·생물·지구과학이 결합된 문제가 나왔다. 나오는 문제들마다 얼마나 어려운지 경시대회를 휩쓸던 아이들도 모두 울상이었다. 그런데 무식하면 용감하다고 나에게는 이런 문제들이 모두 신기하고 새로웠다. 시험을 모두 치르고 났을 때, 난 기분이 얼마나 좋은지 몰랐다.

 '시험이 이렇게 재미있어도 되는 거야? 난 이번에 많은 걸 얻었어. 전국의 영재들을 만날 수 있어서 기뻤어. 시험 문제에 대해 토론하는 모습도 인상 깊었어. 이런 아이들과 같이 공부할 수 있다면 얼마나 좋을까? 바로 내가 바라던 학교의 모습이잖아.'

 마지막으로 우리는 시험 시간에 쓴 답안지를 교수님들 앞에서 발표했다. 그리고 나서는 인성 면접을 보았다. 두 분의 선생님이 계셨는데 그 가운데 한 선생님이 내 중학교 성적표를 한참 들여다보셨다.

 "음. 영재들은 한 분야에 매우 뛰어나지. 그래서 수학이나 과학 성적만 좋은 경우가 많아. 그런데 학생은 어째서 전 과목 성적이 다 좋지? 이건 영재의 특성이 아닌데."

 전 과목이 우수하다는 점이 불리할 줄은 몰랐다. 나는 당황했다.

'뭐라고 대답해야 하지? 맞습니다. 전 영재가 아닙니다, 라고 얘기해야 하나?'

그때 과학 잡지에서 읽은 내용이 생각났다.

"양자역학을 창시한 막스 플랑크라는 물리학자가 있죠. 그는 어렸을 때 수학이나 과학을 특별히 잘 하지는 않았습니다. 전 과목을 두루 잘 했습니다. 그렇다고 1, 2등을 할 정도로 잘 하지는 못했어요. 하지만 대학교에 들어가서는 물리학에 흥미를 느끼고 열심히 공부했습니다. 그렇게 꾸준히 연구한 덕분에 양자역학을 창시할 수 있었고요. 제가 과학 말고 다른 과목도 잘 한다고 해서 과학자가 될 수 없다고는 생각하지 않아요. 저도 막스 플랑크 같은 훌륭한 과학자가 될 수 있다고 생각합니다."

선생님은 고개를 끄덕이셨고, 나는 안도의 한숨을 쉬었다. 그렇게 3박 4일간의 3차 시험이 끝났다.

난 행복해

나는 매일 밤 내가 알고 있는 모든 신께 기도를 올렸다.

"하나님, 부처님, 천지신명님, 그리고 또…… 누가 계시더라. 아, 알라신이시여, 과학영재학교에 제발 붙게 해 주세요. 저희 집 사정이 어렵다는 건 신께서도 아시겠지요. 제가 유학의 꿈을 이룰 수 있는 방법은 과학영재학교에 입학하는 길밖에 없습니다. 저는 그 학교에 꼭 가야 해요."

나의 기도는 정말 간절했다.

무더위도 한풀 꺾인 9월 초순. 드디어 합격자 발표가 있는 날이었다.

나는 같이 시험을 본 친구와 메신저로 수다를 떨고 있었다. 컴퓨터 창에 친구의 메시지가 떴다.

'지금 발표 났는데…… 나, 떨어졌어.'

가슴이, 그리고 손이 마구 떨렸다. 깊은 숨을 쉬고 나서 조심스레 합격자 발표를 조회했다.

'합격일까, 불합격일까. 합격이었으면. 제발…….'

한 번 더 큰 숨을 쉬고 난 후 '조회'를 클릭했다. 결과를 보자 숨이 멎는 것만 같았다. 아무 생각도 들지 않았다. 시간이 멈추어 버린 듯했다. 몇 초 후, 드디어 함성이 터져 나왔다.

"붙었다! 붙었어! 내가 과학영재학교에 붙었다고!"

나는 제일 먼저 아빠께 전화를 드렸다.

"아빠, 저 붙었어요!"

"허허, 그래? 음…… 그런데 그 학교에 갈 생각이냐?"

나는 잠시 할 말을 잃었다. 나는 숨이 멎을 만큼 기쁜데 아빠는 담담하셨다. 게다가 '그 학교에 갈 생각이냐?'라니…….

"당연히 가야죠!"

"음, 그래. 집에 들어가서 얘기하자."

문득 불안했다.

'칭찬해 주실 줄 알았는데. 무슨 얘기를 하시려고 그러지? 설마 과학영재학교에 안 보내 주신다는 건 아니겠지?'

저녁이 되자 아빠가 돌아오셨다. 나는 아빠가 어서 이야기를 시작하시기만을 기다렸다. 이윽고 아빠가 말씀하셨다.

"현근아, 넌 네 적성이 어디 있다고 생각하니?"

"아직 잘 모르겠어요."

"아빠 생각에 넌 이과보다는 문과 쪽인 것 같다."

"……."

"아빠도 고등학교 때 이과 공부를 했어. 그런데 적성에 맞지 않아 힘들었단다. 그래서 후회를 많이 했지. 네가 일반 고등학교에 간다면 네 적성을 발견할 수 있을 거야. 그런데 과학영재학교에 가게 된다면 과학 공부만 하게 되지 않겠니? 다른 길도 생각해 봐야 하는데 말이야. 과학영재학교에 가서 후회하지 않을 자신 있니?"

"예, 자신 있어요. 그럴 일은 없겠지만, 하다가 힘들면 그때 그만둘래요. 해 보지도 않고 포기할 수는 없어요."

"아빠는 걱정이 많이 된단다. 적성에도 맞지 않는 과학 공부를 하는 게 아닌가 해서."

"잘 하지는 못해도, 전 과학이 싫지 않은걸요. 수학도 좋아하고요. 잘 할 수 있어요."

"싫어하지 않는 것으로 충분할까? 그 학교는 전국의 과학 영재들이 모이는 곳이잖니. 그런 뛰어난 아이들과 경쟁하는 게 얼마나 힘들지 생각해 봤니?"

아빠가 걱정하시는 것이 뭔지 알 것 같았다. 사실 나도 걱정이 되었다. 그렇지만 얼마나 힘들게 합격했는데, 포기한다는 건 말도 안 되었다.

"아빠가 마지막으로 한마디만 할게. 살면서 가장 중요한 건 행복이란다. 아빠는 네가 행복했으면 좋겠다. 무슨 일을 하든 말이야. 과학영재학교에서 공부하는 게 행복하겠니?"

"예, 물론이에요."

깜짝 놀랄 만큼 우수한 아이들과 겨뤄 당당히 합격한 과학영재학교. 내가 매일 밤 드린 기도를 아빠는 모르셨다. 그토록 원하던 곳에서 공부를 하는데 어떻게 행복하지 않을 수 있을까. 3차 시험 때 만난 아이들이 떠올랐다.

'그 아이들과 같이 공부할 수만 있다면 1등을 못해도 난 행복할 거야. 그저 버틸 수만 있어도 좋아.'

그때만 해도 내 앞에 얼마나 고된 길이 펼쳐져 있는지 난 짐작도 할 수 없었다.

7. 60점짜리라도 좋아

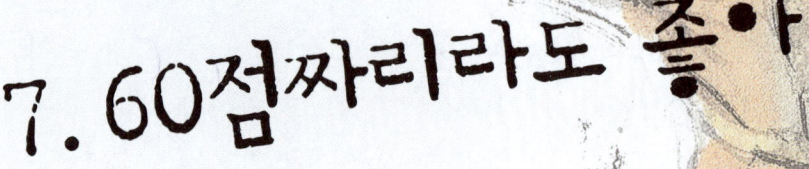

'여기 모인 144명의 괴물들 가운데 누가 상을 받을까?
누군지 몰라도 참 대단한 녀석이다.'
나는 귀를 쫑긋 세웠다. 선생님이 이름을 부르셨다.
"김현근."
강당 안에 박수 소리가 울려 퍼졌다.
"현근아! 뭐 해, 안 나가고?"
"나? 나라고?"

즐거운 숙제

과학영재학교는 최종 합격한 학생들에게 사전 교육을 실시했다. 사전 교육에는 사이버 교육과 영어 집중교육이 있었다. 사이버 교육은 3학년 2학기 때, 영어 집중교육은 겨울방학 때 이뤄졌다.

사이버 교육은 과학영재학교에서 인터넷을 통해 과제를 내주면, 리포트를 써서 내는 방식이었다. 영어와 과학 두 과목으로 이루어졌다. 영어는 그동안 꾸준히 해서 어렵지 않았지만 과학이 골칫거리였다. 입학 시험 때만큼은 아니었지만, 무척 까다로웠다. 경시대회 준비를 한 친구들도 어려워했다.

그래도 열심히 답안을 작성했다. 백과사전을 찾아보고, 인터넷 검색도 하고, 과학 잡지들도 훑어보았다. 그런 과정에서 실마리가 찾아지고는 했다.

'그래, 이렇게 응용하면 되겠구나.'

아무리 생각해도 풀리지 않는 문제는 친구들에게 도움을 청했다. 함께 입학 시험을 치르고 오리엔테이션에 참가하면서 우리들은 벌써 친구가 되어 있었다.

그 날도 혼자서는 도저히 문제가 안 풀려 명준이에게 전화를 걸었다.
"나 현근이야."
"그래. 잘 있었냐?"
"아니. 이번 주 과학 과제가 안 풀려서 잘 못 지낸다."
"왜 안 풀려? 하나도 안 어렵던데."
"경시대회 금상 수상자께서 어련하시겠어? 그래서 말인데, 물에 녹는 양이 아주 적다면 기체의 용해도는 어떻게 돼?"
"부분 압력에 비례하지."
"그럼 이 문제에서 질소와 산소는 기압이 다르겠구나."
"그렇지."
"고맙다."
"고맙긴. 그럼 열심히 해라."
나는 전화를 끊고 문제를 풀기 시작했다. 처음보다 훨씬 쉽게 풀렸다. 마침내 답안을 다 쓸 수 있었다. 이제는 문서를 꾸밀 차례였다. 표를 만들어 넣고, 관련 사진도 찾아 넣고, 글씨체를 다르게 해 제목도 달았다. 난 누구보다 리포트를 열심히 준비했다.

"다 됐다!"

이렇게 제출한 리포트 가운데서 최우수작과 우수작을 뽑아 상을 준다고 했다. 하지만 상을 받을 수 있다는 생각은 들지 않았다.

'다른 아이들은 나보다 훨씬 잘 했을 테지.'

그래도 뿌듯했다. 정성 들여 작성한 내 리포트가 자랑스러웠다. 이제 영어 과제를 할 차례였다. 그때 전화가 울렸다.

"나야."

명준이었다.

"네 덕분에 과학 과제 다 했다. 방금 학교로 보냈어."

"그래? 그럼 이번엔 네가 좀 도와주라."

"응?"

"영어 말이야."

"영어가? 영어는 쉽던데."

"과학 쉽다고 했더니 이렇게 복수하냐? 넌 영어도 잘 하지만 난 과학 말고는 다 못한단 말이야."

"하하, 약 오르지? 뭐야, 궁금한 게?"

명준이는 문법에 대해 물어보았다. 부정사의 용법이 정리가 안 되어 있는 듯했다. 내가 아는 한 자세히 설명해 주었더니 명준이는 금세 알아들었다.

"고맙다."

"뭘."

"하다가 막히면 또 전화할게."

"얼마든지. 나도 과학에서 모르는 부분 있으면 또 전화한다."

"알았어. 앞으로도 우린 상부상조하는 좋은 친구가 될 것 같다. 하하."

전화를 끊고 나자 기분이 좋아졌다. 무엇보다 내가 도움을 줄 수 있어서 기뻤다. 그것도 명준이 같은 영재한테 말이다.

친구들과 도움을 주고받으며 과제를 해결하는 사이, 한 달간의 사이버 교육이 끝났다.

내 과학 적성은 60점?

어느덧 3학년 겨울방학이 되었다. 이 겨울방학이 끝나면 졸업이었다. 중학교 시절의 마지막 겨울이자 과학영재학교 입학을 앞둔 새로운 겨울. 지난 3년간이 참으로 짧게 느껴졌다. 그 시간들은 어디로 흘러간 걸까?

신입생 대표 선서로 시작한 나의 중학교 생활. 정말 많은 일들이 있었다. 올백 점을 맞고 전교 1등을 했을 때의 기쁨은 오랫동안 잊지 못할 것이다. 2등으로 떨어졌을 때는 하늘이 무너지는 듯했다. 그렇지만 그때 난 중요한 걸 깨달았다. '내가 최고다'라는 생각으로 자만하면 안 된다는 사실을. 공부란 대충 해서는 좋은 결과가 나오지 않는다는 사실을. 그 후부터 난 철저히 공부했고 한 번도 전교 1등을 놓치지 않았다. 학원 수업에 대한 극심한 스트레스를 극복하고 수학경시대회에서 좋은 성적을 거둔 일도 보람 있었다. 과학영재학교 시험에 붙었을 때는 세상을 다 얻은 듯 기뻤다.

물론 힘든 날들도 있었다. 고생하시는 엄마 때문에 마음이 아팠고, 신문 배달을 하다가 울기도 했고, 민사고 시험에 떨어져서 자신감을 잃기도 했다. 하지만 모두 소중한 시간들이었다. 어려운 집안 환경은 오히려 날 강하게 만들었다. 온 힘을 다해 노력하면 안 되는 일이 없다는 걸 알았다. 지난 3년 동안 난 많이 자란 것 같았다.

가방 속에 옷 몇 벌과 책들을 챙겼다. 과학영재학교로 향할 참이었다. 겨울방학 한 달 동안 영어 집중교육이 있었다. 입학이 결정된 학생들 모두가 기숙사에서 지내며 받는 교육이었다.

집에서 3~40분 거리에 있는 과학영재학교에 도착했을 때, 친구들과 반갑게 인사를 나눴다. 봄이 오면 앞으로 3년간 함께 생활할 친구들. 그 생각만으로도 우정이 깊어지는 것 같았다.

나는 6반에 배정되었다. 수업은 토플과 영어 회화 중심이었다. 외울 단어도 많고 시험도 많았다. 두 주일이 정신없이 지나갔다.

오늘은 지난번에 본 능력 검사(수리력·과학 사고력·추리력 등을 평가하는 검사)와 적성 검사 결과가 나오는 날. 나는 상담실로 들어갔다.

"6반 김현근입니다."

선생님은 검사 결과가 적힌 종이들을 뒤적이셨다.

"김현근이라. 어디 보자…… 여기 있군. 수리력이 65점, 과학 사고력은 60점, 추리력은 86점이네."

나는 잘못 들은 줄 알았다.

"65점, 60점, 86점이라고 하셨어요?"

"그래."

맙소사! 선생님은 내 얼굴을 한 번 바라보시더니 또 말씀하셨다.

"이번엔 적성 검사 결과를 볼까? 음…… 학생한테 가장 맞는 분야는 법학과 외국어로 나왔어. 둘 다 99점이군."

법학과 외국어……. 과학영재학교 학생이 법학과 외국어가 적성에 맞다니. 내가 문과 적성이라던 아빠 말씀이 떠올랐다.

'나는 정말 과학에는 소질이 없는 걸까?'

앞으로 공부를 잘 해 나갈 수 있을지 막막했다. 터벅터벅 교실로 돌아오는데 친구들이 물었다.

"현근아, 넌 몇 점이야?"

대답할 기분이 아니었다. 그때 한 친구가 말하는 소리가 들렸다.

"아, 난 과학 사고력이 80점밖에 안 돼. 수리력도 겨우 87점이야. 다른 애들은 거의 다 90점대던데. 나 어떻게 하냐."

그 말이 가슴을 찌르는 듯했다.

'다른 애들은 거의 다 90점대라고? 60점 받은 난 그럼 뭐야…….'

고개를 떨군 채 자리에 가 앉았다. 내 능력 검사 점수는 꼴찌에 가까웠던 것이다. 그때 우렁찬 목소리가 들렸다.

"나 능력 검사 결과 엉망으로 나왔어!"

결과가 엉망이라면서 씩씩한 음성이었다. 고개를 들어 보니 털털한 성격의 동욱이었다.

"동욱아, 너 과학 사고력 몇 점 나왔냐?"

"크큭, 56점. 창피하다, 진짜. 하하."

동욱이는 전국 과학경시대회에서 은상을 받은 아이였다.

'나보다 점수가 낮아도 동욱이는 털털하게 넘겨 버리는구나. 그래, 과학경시대회 은상 탄 녀석도 56점인데 뭐 어때. 괜찮아.'

그렇게 나는 스스로를 달랬다.

시끄럽던 교실 안은 선생님이 들어오시면서 잠잠해졌다.

캐나다 분인 영어 선생님이 회화 수업을 시작하셨다. 하지만 내 머릿속에서는 계속 같은 숫자만 맴돌았다. 60과 65. 그러다 퍼뜩 정신이 들었다.

'김현근! 정신 차리자. 수학이랑 과학도 뒤처지면서 영어까지 떨어지면 어떻게 해? 수업에 집중하자.'

60과 65는 잊기로 했다. 지금은 영어 집중교육 기간이니까.

회화 수업이 끝났다. 선생님이 나가시자 교실 안이 한바탕 또 소란스러워졌다.

"현근아, 영작 숙제 좀 보여 줘. 단어 외우느라고 하나도 못 했어."

하긴 나도 단어 400개를 외우고 작문 숙제를 하느라 한숨도 못 잤다. 어제는 유난히 숙제가 많았다. 게다가 오늘은 단어 시험도 있었다.

"단어는 다 외웠냐?"

"그 많은 걸 어떻게 다 외우냐. 나중에 성적에 반영되는 것도 아니잖아. 대충 쓸 거야."

쉬는 시간은 쏜살같이 지나갔다. 곧 토플 선생님이 들어오셨고 우리는 단어 시험을 치렀다. 초등학교 1학년 때 받아쓰기 시험을 보던 기억이 났다.

'받아쓰기 100점 맞는 것만큼 기분 좋은 일도 없었어. 지금도 잊을 수가 없는걸. 오늘 단어 시험에서도 100점을 맞자.'

단어 시험이 끝났다. 100점이었다.

나는 언제나 100개가 넘는 단어를 빠짐없이 외웠고 엄청난 양의 숙제를 악착같이 했다. 그렇게 하지 않으면 앞으로 이 아이들을 따라갈 수 없을 것 같았다. 물론 성적에 반영되지는 않았다. 하지만 아빠 말씀대로 중요한 건 성적이 아니라 노력하는 자세였다.

'그래, 순간순간 최선을 다하자!'

그러나 숙제를 하다 보면 다 못 끝냈는데도 어느새 밤 12시가 되곤 했다. 학생들은 밤 12시면 모두 잠자리에 들어야 했다. 기숙사 규정이었다. 나는 할 수 없이 화장실에서 몰래 밤을 새우곤 했다.

그렇게 한 달이 지났다. 마지막 날, 나는 뿌듯했다. 누구보다 열심히 공부했으니까.

우리는 강당에 모여 선생님의 발표를 기다리고 있었다.

사이버 교육 때 낸 영어와 과학 리포트에 대한 시상이었다. 이윽고 선생님이 발표를 시작하셨다.

"영어 부문 최우수상."

나는 아이들을 둘러보았다.

'여기 모인 144명의 괴물들 가운데 누가 상을 받을까? 누군지 몰라도 참 대단한 녀석이다.'

나는 귀를 쫑긋 세웠다. 선생님이 이름을 부르셨다.

"김현근."

강당 안에 박수 소리가 울려 퍼졌다.

"현근아! 뭐 해, 안 나가고?"

"나? 나라고?"

친구들이 내게 박수를 쳐 주고 있었다. 믿을 수가 없었다. 어리둥절했다. 한동안 그러고 서 있다가 떠밀리다시피 앞으로 나갔다. 단상으로 올라가 상장과 상품을 받았다. 여전히 어리둥절한 채 자리로 돌아왔을 때는 과학 부문 수상자 발표가 있었다.

"과학 부문 우수상, 김현근."

친구들은 아까보다 더 많은 박수를 쳐 주었다.

"뭐야, 이 녀석. 앞으로 잘 할 수 있을까 만날 걱정만 하더니, 상을 두 개나 타잖아. 한턱내라."

꿈만 같았다. 뛰어난 아이들과 같이 공부한다는 것만으로도 난 행복했다. 그런데 그 아이들이 나를 인정해 주고 있었다. 과학 사고력에서 60점을 받은 내가 과학 영재들을 제치고 상을 받은 것이다. 굉장한 아이들 속에서 내가 박수를 받고 있었다. 순전히 노력의 대가였다. 그동안의 모

든 걱정이 한순간에 날아갔다.
 '내가 자랑스러워. 난 피나는 노력을 했고, 그 결과로 상도 받았어. 앞으로도 그럴 거야. 난 잘 할 수 있어!'

8. 괴물들이 사는 학교

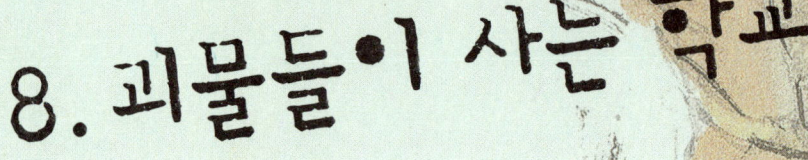

결국 난 정확한 패스도, 빠른 공간 침투도,
골 결정력도 보여 주지 못했다.
더 이상 축구가 재미없었다.
'내가 왜 이러지? 왜 다른 아이들처럼 즐기지 못하는 거지?'
친구들처럼 그냥 재미있게 놀고 즐기면 될 텐데
쩔쩔매고 있는 내가 한심스럽게 느껴졌다.

과학영재학교에서의 첫날

오늘은 과학영재학교 입학식이 있는 날.

입학식을 위해 강당으로 들어서자 수많은 카메라 플래시가 터지며 우리를 맞았다.

'신문사에서 취재하러 온 거야? 대단한걸!'

곧 입학식이 열렸고, 이번에는 방송사에서 나온 카메라들까지 우리를 찍기 시작했다. 나도 모르게 어깨에 힘이 들어갔다. 내가 과학영재학교 학생이라는 사실이 기쁘고 자랑스러웠다. 마치 유명인사라도 된 듯한 기분이었다.

입학식이 끝나고 친구들과 함께 강당을 나왔다. 벌써 친해진 아이들은 저마다 재잘대기 시작했다.

"과학경시대회에서 늘 1등 하던 지호도 우리 학교에 왔더라."

"내가 지호 때문에 만날 2등만 했잖아. 이번엔 내 실력을 보여 줄 거야!"

"과연 그럴 수 있을까? 주영이도 우리 학교로 왔던데."
"주영이는 어떤 앤데?"
"걔는 6개월 동안 공부하는 화학 교재를 3일 만에 혼자서 뗀 애야. 선생님 입이 떡 벌어졌다더라."
"흥. 내가 안 해서 그렇지, 나는 2일 만에 뗄 수 있어."
"그래? 너 아이큐 몇인데?"
"나 140이야. 좀 높지?"
"나랑 비슷하네. 근데 여긴 평균 아이큐가 140이야. 너랑 나는 겨우 중간이라고."

아이들의 이야기를 듣고 있자니 불안해지기 시작했다.
'이 아이들은 사전 교육 때 자기 실력의 10분의 1도 발휘하지 않은 거야. 내가 상을 탈 수 있었던 건 그래서였을 거야. 과연 내가 잘 해낼 수 있을까? 중학교 때 전교 1등은 아무것도 아니야. 전교 1등 안 해본 아이들은 여기 없어. 경시대회는 모조리 휩쓸고, 벌써 대학에서 배우는 물리학 이야기를 하는 아이들이야.'
무거운 마음으로 발걸음을 기숙사로 옮겼다.

과학영재학교는 전교생이 기숙사에서 생활을 했다. 나는 이 점이 좋았다. 가족과 떨어져 지내는 건 섭섭했다. 하지만 3년 동안 친구들과 함께 지내며 공부에 집중할 수 있어 좋았다. 학교 시설도 마음에 들었다. 넓고 깨끗한 학교 건물, 첨단 실험 기구들이 갖춰진 과학관, 진짜 잔디가 깔린 운동장, 헬스클럽 못지않은 체육실, 각종 악기가 마련되어 있는 음악실, 조용하고 편안한 도서실……. 또 카이스트 교수님들과 대부분 석사 이상의 학위를 가진 실력 있는 선생님들이 가르쳐 주셨다. 게다가 전교생에게 장학금이 주어졌다.

침대에 누우면서 나는 여러 가지 생각을 했다.

'이제 꿈에 그리던 학교 생활이 시작되었어. 앞으로 얼마나 즐거울까? 아니, 그렇지 않을지도 몰라. 머리도 좋지 않고 과학, 수학에 뛰어나지도 않은 내가 영재들과 경쟁해야 하잖아. 내가 따라갈 수나 있을까?'

과학영재학교에서의 첫 밤이 어수선하게 지나갔다. 마음이 결코 가볍지 않았다.

이튿날에는 교과서를 받았다. 국어와 국사 말고는 모두 영어로 된 책들이었다. 미국 고등학교에서 쓰는 고급 수학·과학 교재라고 했다. 유학을 장려하는 학교의 방침이었다. 교과서를 받아 들고 기숙사로 와 책꽂이에 정리하는데 한숨이 나왔다. 우리말로도 어려운데 영어로 공부해야 하다니. 같이 방을 쓰는 친구에게 슬쩍 떠봤다.

"이 책, 어렵지 않겠냐?"

"영어로 씌어졌지만 내용은 그다지 어렵지 않은데?"

수학 책을 훌훌 넘겨 보더니 친구가 대답했다.

하긴 고등학교 이과 수학도 벌써 다 끝낸 녀석이었다.

"당연히 쉽겠지. 넌 공인 영재잖냐."

"영재는 무슨. 운이 좋아서 들어온 거지. 그래도 너무 신난다. 중학교 때는 수준이 안 맞아서 다른 애들이랑 얘기도 잘 안 했는데 여기 오니까 말이 통해."

녀석은 나와는 반대였다. 나는 이곳 아이들이 하는 이야기들을 거의 이해하지 못했다.

책상 정리를 하고 나니 어느덧 점심시간이었다. 1층 식당으로 내려가 밥을 먹은 다음 도서관에 가 보았다. 구경 삼아 가 본 나는 깜짝 놀랐다. 벌써 어려운 수학 문제를 풀고 있는 아이들이 있었다. 그 가운데는 내 룸메이트도 있었다.

"야, 점심시간에 웬 수학 문제를 푸냐?"

"응. 그냥. 안 풀면 좀이 쑤셔서."

누가 시키지 않아도, 그저 좋아서 수학을 파고드는 친구. 이 아이야말로 진짜 영재라는 생각이 들었다.

도서관을 나와 복도를 걷는데 카이스트 교수님과 이야기를 나누는 영훈이가 보였다. 영훈이는 이미 고등학교 물리를 끝내고 대학 물리를 공부하는 과학 영재였다. 지나가는 내 귓가에 암호 같은 말들이 들렸다. 플랑크 상수, 광속 불변……

영훈이가 하도 괴물 같아 보여 이렇게 물어본 적이 있었다.

"넌 언제 그렇게 물리를 공부했냐?"

"중학교 3학년 2학기 때 잠깐 공부했어."

영훈이의 대답을 듣자 온몸에서 기운이 스르르 빠져나가는 듯했다.

'나는 죽을 듯이 공부해도 안 되는 걸 저렇게 쉽게 할 수 있다니. 처음부터 난 이 아이들과 출발선이 다른 게 아닐까? 재능을 타고난 아이들을 무슨 수로 이기겠어!'

영훈이를 비롯한 143명의 아이들이 거대한 산처럼 느껴졌다.

공부만 잘 하는 게 아니잖아?

물론 나는 이미 알고 있었다. 과학영재학교 학생들이 얼마나 대단한지를. 전국 경시대회와 올림피아드에서 상을 타 보지 않은 친구가 드물었고, 컴퓨터에 천재적인 친구들도 많았다. 초등학교 때 벌써 프로그램을 개발하고 수많은 자격증을 딴 친구도 있었고, 영국 BBC방송에 영재로 소개된 친구도 있었다.

하지만 더 놀라운 것은 친구들의 다양한 특기였다. 첫 미술 시간이었다. 우리는 정물화를 그리고 있었다.

'다 그렸다. 흠. 이만하면 됐어.'

나름대로 만족스러웠다. 그때 옆 친구의 그림이 눈에 들어왔다.

'어? 저게 고등학생이 그린 그림이야? 꼭 화가가 그린 것 같잖아.'

다른 친구들의 그림도 눈에 들어오기 시작했다. 다들 나보다 잘 그렸다. 그 가운데는 걸작이라 할 만큼 뛰어난 그림들도 있었다. 그때 선생님이 지나가시다가 옆 친구의 그림을 보고는 말씀하셨다.

"정말 멋진 작품이구나. 이 작품을 보니 선생님이 다 흥분된다. 정말 잘 그렸다."

나도 모르게 한숨이 나왔다.

'이 녀석들 뭐야? 공부만 잘 하는 게 아니라 그림까지 잘 그리잖아. 이 아이들, 정말 천재가 아닐까?'

아이들은 취미도 나와 달랐다. 내가 듣는 음악은 유행가가 전부였지만 아이들은 클래식이나 아카펠라 같은 음악을 들었다. 오페라나 뮤지컬, 연극과 미술 전람회 같은 문화에도 익숙했다. 주말에 본 오페라 공연에 대해 말하는 아이들 속에서 난 혼자가 된 느낌이었다. 그들은 내가 경험해 보지 못한 세계에 속해 있었다.

나는 한참 수준이 떨어진다는 열등감마저 들었다. 어려서부터 다양한 문화를 누리며 자란 아이들이 부러웠다. 내가 공부만 했다면 그들은 공부도 잘 하면서 예능에도 재주가 많고 문화 수준까지 높았다. 나와는 자라 온 환경이 달랐다. 이런 생각을 하니 울적했다.

미술실을 나와 교실로 돌아가는 길에 강당 앞을 지나게 되었다. 강당에서 아름다운 음악 소리가 흘러나오고 있었다. 내 발길은 자석에 이끌리듯 피아노 소리를 따라갔다. 강당 안으로 들어서자 한 아이가 근사한 그랜드피아노 앞에 앉아 있었다.

'옆 반 민범이잖아?'

민범이는 쇼팽의 즉흥 환상곡을 연주하고 있었다. 소리도 훌륭했지만 연주하는 모습이 마치 진짜 피아니스트 같았다.

'이야, 되게 잘 치네.'

그 자리에 붙박인 듯 서서 민범이의 연주를 끝까지 들었다. 다시 한 번 감탄이 나왔다.

'정말 잘 치는데. 피아노로 전공을 바꿔도 되겠다. 피아노는 언제 저렇게 배운 거야. 수학만 잘 하는 줄 알았더니.'

민범이는 중학교 때 이미 고등부 수학올림피아드에 나가 금상을 차지한 아이였다. 수학도 잘 하면서 저토록 뛰어난 특기를 가지고 있다는 게 놀라웠다.

'그동안 난 뭐 했지?'

즉흥 환상곡이 끝났고 난 마음속으로 박수를 쳤다. 진짜로 박수를 치기는 어쩐지 좀 쑥스러웠다. 그때 강당 안으로 윤지가 들어왔다. 그랜드피아노 앞으로 다가가며 윤지가 물었다.

"민범아, 다 쳤니?"

"응. 방금."

"며칠 피아노를 못 쳤더니 손이 근질근질하네. 스트레스 푸는 데는 피아노가 최고인데."

민범이와 윤지가 자리를 교대했다. 피아노 앞에 앉은 윤지가 건반에 손을 얹었다. 윤지의 손끝에서 라흐마니노프의 피아노 협주곡이 흘러 나왔다. 이번에도 나는 입이 딱 벌어졌다. 잘 모르는 내가 듣기에도 대단한 실력이었다.

그런데 윤지는 피아노만 잘 치는 것이 아니었다. 컴퓨터 도사이기도 했다. 문득 내 자신이 초라하게 느껴졌다.

'나도 피아노를 배웠어. 미술도 중학교 때까지 늘 좋은 점수를 받았고. 수영도 할 줄 알고 바둑도 둘 줄 알아. 그래서 예체능에는 자신이 있었는데……. 하지만 여기서 그 정도는 잘 하는 축에도 못 껴. 나는 이 아이들처럼 피아노를 잘 치거나 그림을 잘 그리지 못해. 그렇다고 수학이나 과학을 잘 하는 것도 아니잖아. 내가 잘 하는 게 대체 뭐야?'

그 순간, 내가 운동을 잘 한다는 생각이 떠올랐다.

'그래. 난 운동을 잘 하지. 체육대회 때는 늘 이어달리기 선수로 뛰었어. 농구나 축구도 좋아해. 엄마는 나더러 공만 보면 정신을 못 차린다고까지 하셨잖아. 나도 잘 하는 게 있다는 걸 보여 주고 싶어. 내 축구 실력을 보여 줘야지.'

강당을 나와 운동장으로 뛰어갔다. 운동장은 축구를 하는 아이들로 붐비고 있었다. 사실 우리 학교 운동장은 언제나 공을 차는 아이들로 가득했다. 한창 뛰어다니기 좋아할 나이니까. 운동장 밖에서 몇몇 아이들이 이야기를 하고 있었다.

"명진이 좀 봐라. 축구 잘 하는데!"

"태클하는 모습이 예사롭지 않아."

나는 속으로 말했다.

'저 정도를 가지고 축구 잘 한다고 할 순 없지. 좋았어. 지금이 내 축구 실력을 확실히 보여 줄 기회야. 내 멋진 플레이에 다들 놀라겠지.'

아이들 속으로 뛰어들었다. 난 자신 있었다.

'하하. 정확한 패스, 빠른 공간 침투, 골 결정력. 다 보여 주마!'

마침내 공이 내게로 왔다. 나는 명진이 쪽으로 정확히 공을 찼다. 그러나 그건 내 착각이었다.

"어, 어."

공은 내가 원했던 방향에서 한참 빗나갔다.

'그렇지, 여긴 잔디 구장이지.'

운동장에 잔디가 깔려 있다는 사실을 잊은 것이다. 늘 모래 운동장에서 축구를 했던 내게 잔디 구장은 낯설기만 했다. 잔디 위에서 공은 약간 뜬 상태가 되었다. 그래서 평소대로 공을 차면 너무 아랫부분을 차게 되었다.

"잔디는 원래 이런 거야? 공이 자기 마음대로 가네."

나는 잔디 탓만 했다. 뛰면서 계속 투덜댔다.

"아이 참, 축구화 안 신었더니 더 안 돼."

결국 난 정확한 패스도, 빠른 공간 침투도, 골 결정력도 보여 주지 못했다. 더 이상 축구가 재미없었다.

'내가 왜 이러지? 왜 다른 아이들처럼 즐기지 못하는 거지?'

친구들처럼 그냥 재미있게 놀고 즐기면 될 텐데 쩔쩔매고 있는 내가 한심스럽게 느껴졌다. 대단한 아이들 속에서 축구라도 잘 하고 싶었는데, 그나마도 안 되자 속이 상했다. 갑자기 과학영재학교가 끔찍하게만 느껴졌다.

'잔디 구장, 훌륭한 시설, 하나같이 똑똑하고 재주 많은 아이들…… 하지만 나에겐 지옥이야.'

1학년 1학기 초. 이제 겨우 시작인데 난 벌써 지쳐 가고 있었다.

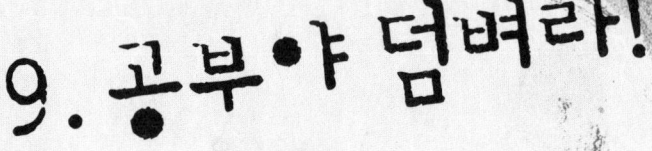

9. 공부야 덤벼라!

일제히, 아이들이 아우성을 치기 시작했다.
"아이~ 선생님. 좀 봐주세요.
숙제하느라고 밥 먹을 시간이 없어요."
"다른 숙제도 너무 많단 말이에요."
"물리 실험 리포트도 내일까지 내야 해요.
영어 시험이랑 수학 퀴즈도 내일이고요!"

영재학교는 전쟁 중

영재고의 1학년 1학기는 적어도 내게는 그야말로 '지옥'이었다.

'144명 가운데 143명이 전부 나보다 뛰어나. 여기서 난 꼴찌야. 어쩌면 당연하지. 대한민국에서 내로라하는 아이들은 다 모였으니까. 이 높은 벽을 대체 어떻게 넘어야 할까?'

이 아이들을 이기기는커녕 따라가기도 힘들 거라는 생각에 난 절망했다.

'초등학교 때부터 중학교 때까지 난 언제나 공부 잘 하는 아이였어. 그런데 여기서는 아니야. 난 하나도 뛰어난 게 없어. 그 어려운 과학영재학교에 들어왔다고 다들 기대하고 계시는데, 공부가 힘들어 쩔쩔매고 있으니…….'

수업 종이 울리고, 선생님이 들어오셨다. 수학 시간, 아이들의 눈빛 하나하나가 살아 있었다. 모두들 선생님에게

서 한순간도 눈을 떼지 않았다.

'수업 내용을 다 알고 있을 텐데도 이렇게 집중하는구나.'

나로서는 따라가기 힘든 수업이었다. 교재는 미국의 원서였는데 고등학교 수학을 모두 다루고 있었다. 자칫 한눈이라도 팔았다간 금방 진도를 놓칠 수밖에 없었다.

정신없이 선생님 말씀에 몰두하다 보니 어느덧 종소리가 울렸다. 선생님이 책을 덮으시며 말씀하셨다.

"오늘 배운 단원 연습문제 짝수 번호 풀어 와라. 20문제밖에 안 되니까 오늘 숙제는 간단하지?"

일제히, 아이들이 아우성을 치기 시작했다.

"아이~ 선생님. 좀 봐주세요. 숙제하느라고 밥 먹을 시간이 없어요."

"다른 숙제도 너무 많단 말이에요."

"물리 실험 리포트도 내일까지 내야 해요. 영어 시험이랑 수학 퀴즈도 내일이고요!"

"그것뿐이 아니에요. 국어 발표 준비도 해야 한다고요!"

그러나 선생님은 단호하셨다.

"엄살 피우지 마. 실력은 숙제하면서 느는 거야. 내일까지 꼭 해 오도록."

그렇지만 엄살이 아니었다. 1학기에 우리 반이 들었던 과목은 수학Ⅰ, 물리, 지구과학, 물리실험, 지구과학실험, 국어Ⅰ, 영어Ⅰ, 프로그래밍Ⅰ, 미술, 체육이었다.

수학의 경우 1주일에 다섯 시간 수업이 있었는데, 총 세 분의 선생님이 번갈아 들어오셨다. 물리는 네 시간에 선생님이 두 분, 지구과학도 네 시간에 두 분, 국어가 세 시간에 세 분, 영어가 네 시간에 세 분, 실험 과목에 각각 한 분씩, 프로그래밍도 한 분이었다.

이렇게 미술과 체육을 제외한 여덟 과목에 총 열여섯 분의 선생님들이 수업을 하셨다. 그 많은 선생님들이 각각 리포트, 과제, 발표 및 퀴즈 등을 매일같이 내주셨다. 아무리 영재, 천재들이라 해도 감당하기 어려운 양이었다.

더욱이 선행 학습이 안 되어 있던 나에게는 지옥이 따로 없었다. 선행 학습이 안 된 채 들어온 아이는 나 말고는 없는 듯했다. 아이들은 이미 고등학교 과정을 다 마친 상태였다. 그런 아이들을 따라가려니 너무나 힘이 들었다.

수학 선생님은 교실을 나가셨고, 이제 쉬는 시간이었다. 하지만 화장실 가는 아이는 한 명도 없었다. 영어 시간에 단어 시험이 있기 때문이었다. 쉬는 시간이 아니면 따로 외울 시간도 없었다. 다른 숙제를 할 시간도 모자랐기 때문이다. 그래서 외울 단어가 100개든 200개든 무조건 수업 전 10분 동안 외웠다.

아이들은 중얼중얼 단어를 외우기 시작했다. 반 아이들 모두 그러고 앉아 있으니 마치 종교 단체의 기도 시간 같았다.

마침내 영어 시간. 선생님이 들어오셨고, 단어 시험이 시작되었다. 시험지를 받아 들기 직전까지 아이들은 중얼중얼 단어를 외웠다.

영어 시간이 끝나자 점심시간이 되었다. 하지만 밥 먹으러 갈 시간이 없었다. 실력이 워낙 뛰어나서 과제를 다 마친 몇 명만이 밥을 먹기 위해 교실을 나섰다. 나는 한숨이 나왔다.

'숙제 하느라 어젯밤에도 3시간밖에 못 잤어. 그런데도

다 못해서 밥 먹을 시간도 없구나. 아, 정말 시간 가는 게 무섭다.'

나처럼 다른 아이들도 숙제를 하고 있었다. 누군가 볼멘소리로 말했다.

"얘들아! 우리 이제 점심 좀 먹어 보자. 제발."

"안 먹어 버릇하니까 배도 안 고프다."

"점심이라고? 야, '점심' 소리 들어 본 지 얼마만이냐."

눈코 뜰 새 없이 바쁜 하루가 지나갔다. 아직 할 일이 많은데도 나는 벌써 파김치가 되어 있었다.

'아, 이제 숙제해야지. 오늘은 해야 할 숙제가 뭐였더라? 너무 많아서 일일이 기억하기도 힘들어.'

수업이 끝나자마자 도서관으로 향했다. 휴게실을 보니 그곳도 숙제하는 아이들로 넘쳐났다. 아이들의 눈은 벌겋게 충혈되어 있었다. 감당하기 힘들 만큼 엄청난 숙제 앞에서 아이들은 점점 초롱초롱하던 눈빛을 잃어 갔다. 그리고 조금씩 포기하는 아이들도 나타났다. 적당히 공부하면서 컴퓨터 게임을 하거나 밴드부 같은 특별활동에 푹 빠지곤 했다.

그렇지만 나는 아직 포기할 수 없었다. 어떻게든 버텨 내야 한다는 생각뿐이었다. 특별한 재능을 가진 아이들 틈에서 내가 살아남을 수 있는 방법은 공부밖에 없었기 때문이었다. 하루하루가 시간과의 전쟁이었고 나 자신과의 싸움이었다. 매 순간 이를 악물어야만 했다.

숨어서 하는 공부

과제에 파묻혀 정신없이 지내던 사이 어느덧 중간고사가 다가오고 있었다. 영재고에서 치르는 첫 중간고사. 모든 면에서 뒤처져 있던 나는 특히 더 긴장이 되었다. '이러다 정말 꼴찌 하는 거 아닐까' 하는 생각에 불안했다. 그러니 더 열심히 공부하는 수밖에 없었다. 다른 아이들도 무섭게 공부하기는 마찬가지였다.

'그 두꺼운 수학 교과서 문제를 다 풀었어. 선생님이 주신 과제물도 꼼꼼히 복습했고. 물리는 프린트물을 다 보고, 어려운 문제집만 골라 모조리 풀었어. 지구과학은 교과서를 다 외우고 어제 밤을 새어 가면서 문제집 6권을 풀었어.'

그러나 프로그래밍 과목은 아무리 책을 읽어도 이해가 되지 않았다.

그 날도 나는 도서실에서 프로그래밍 책을 붙들고 있었다. 하지만 도저히 답이 보이지 않았다.

'그래, 영석이를 찾아가자.'

"영석아, 프로그래밍 언어 좀 가르쳐 줄래? 무슨 말인지 이해가 안 돼."

"응. 이건 말이야……."

친절한 영석이의 설명을 듣고 나니 이제야 이해가 되는 듯했다.

"정말 고맙다."

내 자리로 돌아와 다시 문제를 풀기 시작했다. 그런데 도무지 알 수 없는 일이었다. 들을 때와는 달리 막상 문제를 풀려니 다시 제자리였다.

'아아, 도무지 모르겠어.'

나는 또 영석이를 찾아갔다.

"아까 설명해 줬던 거 아직도 잘 모르겠어. 한 번만 더 설명해 줄래?"

"그러니까 이건……."

그래도 이해가 안 됐다.

"아직도 잘 모르겠어."

영석이가 내 얼굴을 쳐다보았다. 그러고는 한심하다는 듯 살짝 한숨을 쉬었다.

"아니, 그게 아니라······."

그때 다른 아이가 와서 영석이에게 프로그래밍에 대해 물었다. 설명을 듣고 난 그 아이는 고개를 크게 끄덕였다.

"정말 명쾌하게 설명해 줘서 고마워."

이제 다 알았다는 듯한 밝은 표정이었다. 나는 정말 머리가 나쁜지도 몰랐다.

다시 내 자리로 왔다. 그런데 벌써 12시. 기숙사 점호 시간이었다.

주섬주섬 책을 챙겨 들고 기숙사로 돌아왔다. 인원 점검이 끝나자 방의 불이 꺼졌다. 이제 잠자리에 들 시간. 하지만 이대로 잠을 잘 수는 없었다.

'프로그래밍 공부를 마저 해야 해.'

다시 불을 켰다. 그러고는 수건으로 문틈을 메운 다음 전기 테이프로 꽁꽁 붙였다.

'됐다. 이렇게 하면 복도로 불빛이 새어 나가지 않을 거야.'

다시 책을 펴고 공부를 한 지 얼마나 됐을까. 밖에서 발소리가 들렸다. 선배들인 것 같았다. 발소리는 점점 가까워 오고 있었다. 발소리가 가까워 올수록 내 가슴은 콩닥콩닥 뛰었다. 발소리는 우리 방 앞에서 멈추었고 이윽고 문 두드리는 소리가 났다.
 '불빛이 새어 나갔나? 그럴 리가 없는데…….'

문을 열자 역시 선배들이었다.

"나와, 인마! 아주 철벽 방어를 했구만."

"어, 어떻게 아셨어요? 문틈을 메워서 빛이 새어 나가지 않았을 텐데……."

"어떻게 알긴! 창문 보고 알았지. 밖에서 보니까 너희 방 창문에서 불빛이 나오더라."

선배들은 기숙사 밖까지 나가 검사를 했던 것이다.

"김현근, 너 어제도 걸렸지? 선배 말이 말 같지 않냐, 너는?"

"죄송합니다. 공부할 게 너무 많아서 어쩔 수 없었어요."

"낮에 하면 될 거 아냐? 밤에는 자라는데 왜 공부를 해?"

"낮에 다 못해서 그렇습니다. 정말 죄송해요. 벌을 주세요."

"벌을 달라고? 허, 참."

선배들은 기가 차다는 표정이었다. 나는 또 기합을 받았다.

그렇게 한바탕 기합을 받고 나면 온몸에 기운이 하나도 없었다. 그렇지만 어쨌든 시험 공부를 하려면 취침 시간에 잘 수는 없었다. 매일같이 기합을 받으면서도 다른 방법이 없었다.

다른 친구들도 몰래 공부하기는 마찬가지였다. 잠을 재우려는 학교와 자는 대신 공부를 하려는 학생들. 시험 때면 화장실까지 붐볐다. 화장실에는 밤에도 늘 불이 켜져 있었으니까. 특히 변기 위나 세면대 앞은 좋은 자리라서 자리를 잡기도 힘들었다. 기합을 받은 나는 책을 챙겨 들고 화장실로 향했다.

  매일매일이 전쟁이었다.

10. 엄마의 마법 편지

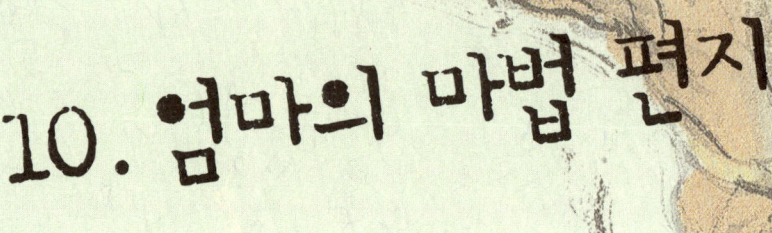

'그래. 끝까지 최선을 다하는 게 시험에 대한 예의야.'
문제를 모두 풀고 났을 때,
시간은 10분 정도 남아 있었다.
나는 실수한 부분은 없는지 답안지를 꼼꼼히 살펴보았다.
그런 식으로 모든 시험을 치렀다.
'중간고사보다 잘 본 것 같아. 프로그래밍도 모르는 문제가 없었어.'

고마워요, 엄마

밤마다 전쟁을 치러 가며 준비한 중간고사. 마침내 시험 치는 날이 왔다. 과학영재학교에 입학한 후 첫 시험이었다. 떨렸다.

'정말로 열심히 공부했어. 그렇게 지독하게 했는데도 성적이 나쁘다면 정말 끔찍할 거야.'

시험 문제는 모두 서술형 주관식이었다. 게다가 생각보다 훨씬 어려웠다.

'이 정도일 줄은 몰랐어. 어려운 문제집만 골라 풀었는데 그런 문제들하고는 수준이 다르잖아.'

다른 아이들을 보니 다들 쉽게 풀어 나가고 있는 것 같았다. 문제를 붙들고 끙끙대고 있는 아이는 나밖에 없었다. 그렇게 첫 중간고사가 끝났다.

얼마 후 시험 결과가 나왔다. 나는 어이가 없어 한동안 멍하니 앉아 있었다.

우리 반 18명 가운데 물리는 11등, 수학은 12등이었다. 가장 열심히 공부했던 프로그래밍은 겨우 71점이었다.

'어떻게 이럴 수가……. 중학교 때와는 비교도 할 수 없을 만큼 열심히 했는데, 1분 1초를 아껴 가며 오로지 공부만 했는데……. 어떻게 이럴 수가 있지. 노력하면 다 되는 줄 알았어. 지금까지 노력으로 극복하지 못한 어려움은 없었어. 그런데 안 되는구나. 아무리 노력해도 난 이 아이들을 따라갈 수 없구나. 난 앞으로 어떻게 해야 하지. 아무리 애써도 안 되는데 공부는 해서 뭐해…….'

힘없이 축 처진 채 기숙사로 돌아왔다. 문을 닫고 의자에 앉았다. 혼자가 되자 참았던 눈물이 쏟아졌다.

'아빠 말씀대로 일반 고등학교에 가야 했어. 내가 무슨 영재라고 이 학교에 들어왔을까. 난 그저 평범한 학생일 뿐인데. 그동안은 내가 특별하다고 생각해 왔지. 하지만 그건 완전히 착각이었어.'

걷잡을 수 없이 눈물이 흘러내렸다. 사무치게 서럽고 외로웠다. 가족이, 특히 엄마가 몹시 보고 싶었다. 나는 애써 울음을 참고 엄마에게 전화를 걸었다. 엄마는 바로 전화를 받으셨다.

"현근이니?"

"엄마……."

"목소리가 왜 그래?"

"엄마, 나 너무 힘들어요."

목소리가 가늘게 떨렸다. 공부 때문에 힘들다고 투정을 부린 적은 처음이었다. 내 말을 가만히 듣고 계시던 엄마가 말씀하셨다.

"엄마가 학교로 곧 가마."

한 시간쯤 후, 엄마가 기숙사로 찾아오셨다. 난 또 엄마에게 하소연을 했고, 엄마는 별 말씀 없이 내 이야기를 들어 주셨다. 엄마에게 힘든 일을 털어놓고 나니 한결 살 것 같았다.

"고마워요, 엄마."

"그래. 힘내고. 엄마는 이제 가야겠다."

"잠깐만 기다리세요. 화장실에 다녀올게요. 세수도 좀 해야겠어요. 얼굴이 부었어요."

세수를 하고 돌아와 학교 밖까지 엄마를 배웅해 드렸다. 다시 기숙사 방으로 돌아와 책상 앞에 앉았을 때, 한쪽에 놓인 편지 한 통이 눈에 들어왔다.

'뭐지? 아까는 못 봤는데.'

편지를 펴 보니 낯익은 엄마의 글씨가 나타났다.

엄마 아들 현근이에게

현근아, 이번 시험 결과가 만족스럽지 못해 상당히 불만인 모양이구나. 엄마는 네게 해 줄 말이 많았지만, 스스로 잘 해낼 것이라 믿으며 그냥 지켜보았단다. 엄마 아들을 믿으니까.

앞으로 수많은 시험을 거쳐야 할 텐데 그때마다 스트레스를 받으면 어떡하나 싶고, 안타까운 마음에 몇 자 적어 본단다.

남들을 이기려고만 한다면 넌 늘 남을 의식하며 공부할 수밖에 없어. 그래서 엄마는 현근이가 자기 자신을 남과 비교하지 않았으면 해. 공부는 남을 이기려고 하는 게 아니잖니. 그냥 네 자신을 위해 최선을 다하면 되는 거야. 그러면 공부가 즐거워질 거야.

너보다 뛰어난 친구들은 앞으로도 얼마든지 만날 수 있어. 그때마다 경쟁을 하려고 한다면 네가 먼저 지쳐 버릴 수 있단다. 그저 하루하루 열심히 살다 보면 너도 모르게 생활이 즐거워질 거야.

  결과에 너무 연연해하지 말고 빨리 털어 버리렴. 그리고 밝고 즐겁게 생활하는 거야. 고민 있으면 언제든지 선생님 찾아뵙고. 꼭!

  파이팅, 현근! 사랑한다!!!

                    엄마 아들 기숙사에서, 엄마가.

  편지를 읽고 난 내 마음속에 따뜻한 기운이 솟았다. 엄마의 격려 편지가 내게 힘을 주었다. 엄마는 마술사 같았다. 엄마는 원하는 대로 내 마음을 움직일 수 있으셨으니까.

  '맞아. 절망할 필요는 없어. 결과야 어떻든 난 최선을 다하면 되는 거야. 노력해도 안 되면 할 수 없지 뭐. 그렇다고 노력을 안 할 순 없어. 나중에 후회하고 싶지 않거든. 중간고사는 못 봤지만 후회는 없어. 난 정말 온 힘을 쏟아 공부했으니까.'

  공부고 뭐고 다 그만두고 싶던 마음이 제자리를 찾았다. 아직 희망은 있었다.

'이제 겨우 첫 시험이잖아. 앞으로가 중요해. 수행 평가에서 거의 만점을 받고, 기말고사를 아주 잘 보면 1학기 성적은 제대로 나올 거야.'

그날 저녁부터 난 다시 공부에 온 힘을 쏟았다. 특히 프로그래밍은 끊임없이 영석이를 찾아가 묻고 또 물었다. 그렇게 어렵사리 이해를 하고 나면 수십 장의 프로그램을 통째로 외웠다. 이미 중간고사에서 참담한 결과를 맛본 나로서는 다른 방법이 없었다. 더 쉬운 방법이 있었다면 좋았겠지만 다만 내가 할 수 있는 일은 밤을 새우면서 시험 범위 전체를 줄 치며 외우고, 또 외우는 것뿐이었다.

꼴찌에서 우등생으로

중간고사가 끝났을 때 절망한 사람은 나뿐만이 아니었다. 언제나 1등을 하던 친구들이었기에 낮은 성적을 받았을 때 절망감은 더 컸다. 화장실에서 몇십 분씩 고함을 지르거나 물건을 부수는 아이들도 있었다. 그리고 결국엔 견디지 못하고 다른 학교로 전학을 가는 아이들도 생겼다. 나와 친구들은 서로를 격려하면서 어려움을 이겨 나갔다.

드디어 기말고사 치르는 날. 아침부터 머리가 아팠다.

'잠을 못 자서 그런가 봐. 다른 아이들은 맑은 정신으로 시험을 봐야 한다고 일찍 잤지만, 난 그럴 수 있나 뭐. 해야 할 공부가 너무 많으니……. 실력이 부족하니 남들보다 더 많이 공부하는 수밖에.'

지난밤, 같이 방을 쓰는 친구는 수학 증명 문제들을 보더니 "음, 이건 시험 때 생각해서 풀면 되겠네" 하고는 잠자리에 들었다. 하지만 난 그렇게 할 수 없었다. 어렵게 이해한 후에는 수학의 증명 문제가 몇 개가 되든 무조건 외워야 했다.

친구는 얼마 안 있어 코를 골기 시작했다. 코 고는 소리는 좀체 잦아들지 않았다.

'자식, 코 한번 우렁차게 고네. 안 되겠다. 화장실로 가야지.'

수학 책을 들고 화장실로 들어가 쭈그리고 앉았다. 증명을 외우고 문제를 풀면서 밤을 꼬박 새웠다.

시험 시작을 알리는 종소리가 울렸다. 이제 주사위는 던져졌다. 어느덧 내 앞에는 시험지가 놓여 있었다. 나는 마음을 비우고 문제를 풀기 시작했다.

'침착하게, 차근차근 풀자.'

18명의 아이들이 숨을 죽이고 문제를 푸는 데 열중해 있었다. 벌써 다 푼 아이들도 있었다. 선생님께 답안지를 내고 나가는 아이의 뒷모습을 보니 부러운 생각도 들었다.

'난 아직 반밖에 못 풀었는데……. 정말 좋겠다.'

그러나 다음 순간, 아빠의 말씀이 기억났다. 아빠는 텔레비전을 보다가 말씀하셨다.

"현근아, 너는 앞으로 절대로 저렇게 하면 안 된다. 문제를 다 풀면 틀린 곳은 없는지 다시 한 번 봐야 한단다. 시험이 끝나는 순간까지 최선을 다해야 해."

아빠와 나는 드라마 〈허준〉을 보던 중이었다. 허준은 과거 시험지를 받자마자 일사천리로 답을 적어 내고는 제일 먼저 시험장을 나왔다. 그 장면을 보다가 하신 말씀이었다.

'그래. 끝까지 최선을 다하는 게 시험에 대한 예의야.'

문제를 모두 풀고 났을 때, 시간은 10분 정도 남아 있었다. 나는 실수한 부분은 없는지 답안지를 꼼꼼히 살펴보았다. 그런 식으로 모든 시험을 치렀다.

'중간고사보다 잘 본 것 같아. 프로그래밍도 모르는 문제가 없었어.'

시험 결과에 상관없이 최선을 다했기 때문에 마음이 편했다. 엄마 말씀이 옳았다. 결과가 어떻든 후회가 없을 만큼 열심히 공부했다는 것이 만족스러웠다.

그런데 결과도 좋았다. 그렇게 속을 썩이던 프로그래밍에서 100점을 맞은 것이다.

'하느님, 감사합니다! 노력하면 되는구나. 결국 해냈어.'

100점을 받은 아이는 우리 반에서 나랑 영석이 두 명뿐이었다. 중간고사 때도 99점을 받은 영석이와 내가 똑같은

100점이라니, 너무나도 기뻤다. 중간고사에 비하면 큰 발전이었다. 이제는 최종 성적을 기다리는 일만 남았다.

기말고사가 끝나자 바로 여름방학이었다. 친구들은 하나둘 집으로 돌아갔지만 나는 아직 기숙사에 남아 있었다.

과학 연구를 하느라 2주일 동안은 학교에 있어야 했다.

그러던 어느 날 나는 복도에서 교감 선생님과 마주쳤다. 교감 선생님이 반갑게 인사를 건네셨다.

"현근이로구나. 연구는 잘 하고 있니?"

"예, 선생님. 안녕하세요?"

"마침 잘 됐구나. 오늘 1학기 성적이 나왔어. 한번 볼래?"

1학기 성적……. 갑자기 긴장이 되며 손에 땀이 났다.

"예, 보고 싶습니다."

교감 선생님은 학생들의 성적을 죽 훑어보셨다. 이내 내 이름을 발견하신 듯했다. 그러나 아무 말씀이 없으셨다.

'왜 아무 말씀이 없으시지? 내가 너무 못했나?'

단 몇 초 동안이었지만 많은 시간이 흐른 것 같았다. 초조했다. 이윽고 교감 선생님이 말씀하셨다.

"이야, 현근이 열심히 했구나. 성적이 아주 좋아. 허허."

순간 아무 말도 할 수가 없었다. 나는 말없이 눈으로 내 이름 옆에 있는 성적들을 확인했다.

단 두 과목이 A0이고, 전 과목이 모두 A+였다. 만점이 4.5였는데 내 평점은 4.38이었다. 전교 3등에 해당하는 점수였다. 내가 전국에서 모인 영재들 144명 가운데 세 번째로 잘 한 것이다! 나는 주먹을 불끈 쥐었다.

"교감 선생님, 고맙습니다!"

"그렇게 좋으냐. 축하한다."

교감 선생님은 웃으며 멀어져 가셨고, 나는 펄쩍펄쩍 뛰어오르며 환호성을 질렀다.

"김현근, 잘 했어! 정말 잘 했어!"

남들보다 열 배 더 노력해서 얻은 값진 성과였다. 이 순간을 위해 내가 얼마나 고생했던가! 나도 모르게 눈물이 흘렀다. 물론 그 눈물은 기쁨의 눈물이었다.

언젠가 수학 선생님이 이런 말씀을 하셨다.

"공부는 머리 좋은 녀석이 하는 게 아니라 엉덩이가 무거운 녀석이 하는 거다. 끈질기고 집요하게 공부하는 녀석이 결국 이긴다."

나는 그 말씀을 잊지 않았고, 결국 기말고사에서 그걸 증명해 보였다.

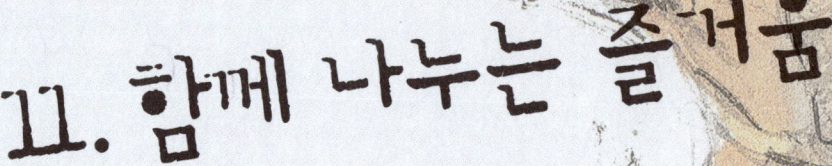

11. 함께 나누는 즐거움

나는 종이 가방 안을 들여다보았다.
치킨이 들어 있었다.
아직도 따뜻한 치킨을 보자 코끝이 찡해졌다.
'그래서 문자 메시지를 그렇게 보냈구나.
나 주려고 치킨을 샀는데
식을까 봐 그렇게 날 기다렸구나.'

내 친구 종일이

우리 학교는 봉사 정신을 늘 강조했다. 선생님들은 이렇게 말씀하시곤 했다.

"너희들은 길가의 거지에게도 빚이 있다."

그 말의 뜻을 학생들은 모두 알고 있었다. 과학영재학교는 국민이 내는 세금으로 운영된다. 국민의 세금으로 좋은 교육을 받는 우리가 봉사를 하는 것은 당연한 일이었다.

나는 1학년 때 한 달에 한 번씩 정신지체 장애아들을 돌보는 곳에 가서 봉사를 했다. 2학년이 되면서는 좀 더 많은 시간을 봉사에 쓰고 싶었다. 그래서 학생회에서도 봉사부장을 맡겠다고 나섰다.

'어떤 봉사를 하는 게 좋을까?'

그러다가 우연히 친구를 통해 부산맹학교에 다니는 종일이를 알게 되었다. 나와 동갑인 종일이는 갓난아기 때 각막이 손상되어 앞을 잘 보지 못한다고 했다.

'그래, 그 친구의 공부를 도와주면 되겠다.'

일주일에 한 번씩 종일이를 찾아가기로 했다. 종일이는 공부 욕심이 많아서 나의 도움을 고마워했다.

그 날 우리는 영어 공부를 하고 있었다.

"종일아, 넌 단어를 많이 아는구나."

"응. 그런데 이상하게 독해가 잘 안 돼."

"영어 문장을 보면 일단 주어를 찾아봐. 그 다음에는 동사를 찾고. 그렇게 문장의 구조를 이해하는 거야."

"그래?"

종일이는 독서 확대기로 영어 책을 들여다보았다. 독서 확대기는 글자를 아주 크게 확대해 주는 기계였다. 종일이는 앞을 전혀 못 보는 건 아니었다. 그래서 점자책은 보지 않았지만, 기구를 사용해 어렵게 책을 읽었다.

"그럼 주어랑 동사 말고 다른 것들은?"

"우선 무시해. 전치사가 이끄는 구는 일단 지워 버리고 해석해 봐. 내가 토플 공부할 때 쓰던 방법이야."

종일이는 내가 가르쳐 주는 대로 했다.

"음…… 주어는 찾았고, 동사도 찾았다. 그리고 이건 주어를 꾸며 주는 말이고……."

그러고는 열심히 문장을 분석했다. 종일이는 늘 열심히 하는 친구였다. 대부분의 시각장애인들은 대학에 가지 않는다고 했다. 그 대신 안마나 침술을 배워 직장을 얻는다. 하지만 종일이는 대학에 진학해서 장애인 교육에 관련된 일을 하고 싶다고 했다. 그래서 공부도 열심히 했다.

종일이가 영어를 우리말로 바꾸어 내게 말해 주었다.

"좋았어. 훨씬 나아졌는데? 그렇게 하니까 더 쉽지?"

"응. 비법을 가르쳐 줘서 고마워."

"비법은 뭐."

"그런데 현근아. 우리, 친구 맞지?"

"응?"

"여태까지 난 일반인 친구가 없었어. 난 장애인이고 넌 일반인이잖아. 우리, 친구 맞지?"

가슴 한편이 아파 왔다. 나는 얼른 밝게 대답했다.

"그럼. 당연하지. 지금도 친구잖아."

"벌써 시간이 이렇게 됐네. 빨리 가 봐. 너도 공부할 게 많을 텐데."

네 시간이 훌쩍 지나 있었다. 종일이에게도 내게도 소중한 네 시간이었다.

며칠 후, 종일이가 다니는 부산맹학교를 찾아가는 길이었다. 종일이한테 전해 줄 교재가 있었다. 추적추적 비가 내리는 길을 걷고 있는데, 문자 메시지가 왔다. 종일이였다.

'언제 와?'

'지금 가는 중이야.'

조금 후 다시 문자 메시지가 왔다.

'어디쯤 왔어?'

'거의 다 왔어.'

나는 답장을 보내면서도 조금 짜증이 났다.

'자식, 가고 있다는데 보채기는.'

드디어 맹학교에 닿았다. 교문 앞에 종일이가 나와 있는 모습이 보였다. 한 손에는 우산을, 다른 한 손에는 종이 가방을 들고 있었다.

"종일아!"

"왔구나. 비 오니까 교실로 들어가자."

교실로 들어가 교재를 건네주고 설명도 해 주었다. 교실을 나와서는 버스 정류장까지 함께 걸어갔다. 저만치 종일이가 탈 버스가 오고 있었다.

"버스 왔다. 비 오는데 조심해서 가라."

그러자 종일이가 불쑥 종이 가방을 내밀었다. 비에 젖은 가방은 조금 찢어져 있었다.

"이거 먹어."

나는 종이 가방 안을 들여다보았다. 치킨이 들어 있었다. 아직도 따뜻한 치킨을 보자 코끝이 찡해졌다.

'그래서 문자 메시지를 그렇게 보냈구나. 나 주려고 치킨을 샀는데 식을까 봐 그렇게 날 기다렸구나.'

그래놓고는 바로 주지도 못하고 망설이다가, 헤어질 때가 되어서야 내게 건넨 것이다.

'그런 것도 모르고…….'

미안했다. 미안한 마음을 숨기려고 일부러 밝은 목소리로 말했다.

"인마, 뭐 이런 걸 사고 그러냐. 돈도 별로 없을 텐데. 어쨌든 잘 먹을게. 고맙다. 다음엔 내가 쏠게."

1년 뒤, 종일이는 사회복지학과에 특차지원을 했다. 종일이가 영어 면접 시험을 보는 날에는 나까지 긴장이 되었다. 면접이 끝났을 무렵에 전화를 했다.

"어땠어? 어려웠어?"

"아니, 괜찮았어."

종일이가 합격 통지를 받던 날, 나는 내 일처럼 기쁘고 감격스러웠다. 그리고 내 친구 종일이가 몹시 자랑스러웠다.

종일이 공부를 돕는 일은 내게도 큰 자극이 되었다. 어려운 상황에서도 열심히 공부하는 종일이를 보면서, 나도 더 열심히 해야겠다는 생각이 들었다. 꿈을 위해 노력하는 사람에게는 장애나 가정 형편이 큰 문제가 되지 않는다는 것을 종일이는 직접 행동으로 보여 주었다.

손으로 하는 말

"아, 늦었다!"

학교 밖으로 나가려면 선생님의 허락을 받아야 했다. 그런데 선생님이 안 계셔서 한참 기다리느라 늦었던 것이다. 나는 '가톨릭 농아인 복지회'로 전화를 걸었다.

"오늘 가기로 한 학생인데요. 늦을 것 같아요. 죄송합니다."

"제가 분명히 3시까지 오라고 했죠? 첫날부터 지각이라니. 차라리 오지 말아요."

딸깍, 전화가 끊어졌다.

'오지 말라고?'

나는 어리둥절했다. 슬그머니 화도 났다.

'내가 늦고 싶어 늦었나? 어쩔 수 없는 사정이 있었잖아.'

하지만 꼭 가고 싶었다. 어쩌면 수녀님은 공부 잘 하는 아이들은 이기적이라는 생각을 하고 계실지도 몰랐다. 그런 오해를 받기는 싫었다. 무엇보다도 장애 어린이들의 공부를 돕는 일은 꼭 하고 싶은 봉사였다. 그래서 오지 말라는 가톨릭 농아인 복지회를 굳이 찾아갔다.

'이 근처인 것 같은데? 도대체 어디지? 오지 말라고 하셨으니 전화해서 물어볼 수도 없고…….'

결국 세 시간이나 헤맨 끝에 겨우 찾을 수 있었다.

전화를 받았던 분은 푸근한 인상의 수녀님이었다. 수녀님은 오지 말라는데도 찾아온 내가 의외라는 듯한 표정을 지으셨다. 잠시 후 수녀님이 말씀하셨다.

"그럼 여기까지 왔으니 허드렛일이라도 해 볼래요?"

"예. 열심히 하겠습니다."

청소를 하고, 물건을 나르고, 시키는 일은 모두 했다. 아니, 시키지 않아도 찾아서 했다.

일주일에 한 번, 다섯 시간씩 나는 한 번도 빠짐없이 복지회를 찾았다. 비록 아이들을 가르치는 일은 아니었지만, 허드렛일이라도 해서 도움을 줄 수 있어 기분이 좋았다. 그렇게 두 달이 지난 어느 날이었다. 수녀님은 나를 아이들이 있는 공부방으로 데려가셨다. 공부방에는 초등학생들이 모여 앉아 있었다. 모두 청각장애아였다.

"아이들 공부를 좀 도와줄 수 있겠어요?"

"네? 정말요? 시켜만 주신다면 자신 있습니다."

드디어 고대하던 일을 할 수 있었다. 나는 씩씩하게 대답한 후 아이들에게 국어와 수학을 가르쳐 주었다. 그런데 막상 청각장애 아이들을 가르치는 일은 쉽지 않았다.

나는 수화를 몰라 아이들 말을 알아듣지 못했다. 하지만 내 입 모양을 보고 아이들은 내 말을 알아들었다.

'입 모양을 정확히 해서, 천천히 말해야겠다.'

"보람아, 10에서 7을 빼면 얼마지?"

보람이가 세 손가락을 펴 보였다.

"12에서 5를 빼면 얼마야?"

보람이는 두 손으로 일곱 손가락을 펴 보였다.

"맞았어. 이제 7과 3을 더해 봐."

이번에는 열 손가락을 다 폈다.
"그래, 그렇게 하면 돼. 이 문제 어떻게 푸는지 이젠 알겠지?"
보람이가 고개를 크게 끄덕였다.

어느새 여름방학이 돌아왔다. 나는 여름방학이 되면 꼭 하고 싶은 일이 있었다. 바로 복지회 아이들에게 즐거운 추억을 만들어 주는 것이었다. 그래서 복지회 선생님들, 수녀님들과 머리를 맞댄 끝에 '청각장애 아이들을 위한 여름 캠프'를 열기로 했다. 장소는 거제도였다. 여러 선생님들, 수녀님들, 그리고 자원봉사자들이 아이들과 함께 떠났다.
거제도에 도착하자마자 모두들 바다에 뛰어들었다. 바다에 올 기회가 별로 없었던 아이들은 즐거워하며 물장구를 쳤다. 나도 같이 바다에 뛰어들려고 하는데 문득 한 아이가 눈에 띄었다. 청각장애가 있으면서 몸도 불편해 휠체어에 앉아 있는 현준이었다. 현준이는 혼자서 아이들이 즐겁게 물장구치는 모습을 바라만 보고 있었다. 나는 현준이에게 다가가 말했다.
"현준아, 덥지? 우리도 저쪽으로 갈까?"

현준이는 고개를 저으면서 수화로 대답했다.

"형도 가서 놀아요. 난 괜찮아요."

수화에 익숙치 않은 내가 알아들은 건 이 정도였다.

"에이, 나도 젖기 싫다. 바닷바람이 시원한데 우리 산책이나 할까?"

이후로 사흘 동안, 복지회 식구들은 산에도 가고 박물관도 견학하며 즐거운 시간을 보냈다. 물론 나는 항상 현준이와 함께였다.

마지막 날 밤에는 촛불 의식을 했다. 촛불을 밝히고 우리는 둥그렇게 모여 섰다. 한 사람씩 돌아가면서 하고 싶은 말을 했다. 내 차례가 돌아왔다.

'얘들아, 지금까지 공부 잘 따라와 줘서 정말 고마워. 앞으로도 공부 열심히 하렴. 너희들은 커서 무엇이 되고 싶니? 공부를 열심히 하면 원하는 사람이 될 수 있단다. 다들 자기 길에서 훌륭한 사람이 되었으면 해.'

말을 마치고 나서 나는 깜짝 놀랐다. 내가 수화로 이야기한 것이다.

'어, 수화가 언제 이렇게 늘었지? 사흘 내내 현준이와 붙어 지내면서 금세 늘었네.'

촛불 의식이 끝났다. 선생님과 수녀님들은 아이들을 재우고 함께 모여 앉았다. 이런저런 이야기를 나누다가 수녀님이 말씀하셨다.
"처음 현근 학생이 온다고 했을 때, 솔직히 반갑지가 않았어. 그동안 여러 학생들이 왔었지. 봉사하겠다고 와서는 몇 번 들락거리다가 가 버렸어. 아이들은 상처만 받았고. 그래서 현근 학생한테는 두 달 동안 일만 시킨 거야. 그런데 일하는 걸 보니 다르더라고. 그래서 공부방에 데려가 아이들 학습 지도를 부탁했어. 지금까지 너무 잘 해 주었어. 아까 현근 학생한테 얼마나 감동했는지 몰라. 아이들한테 수화로 말해 주어서 고마워."
나도 수녀님이 고마웠다. 나를 믿어 주셨기 때문이다.

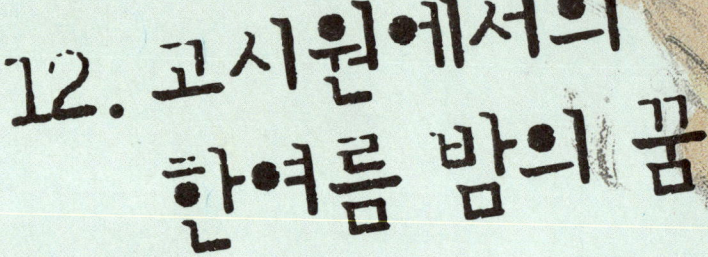

12. 고시원에서의 한여름 밤의 꿈

수업이 끝나면 학교 옥상이나,
뒷산에 올라가 혼자서 불고 또 불었다.
일주일 내내 불었는데도 방귀 같은 소리만 나왔다.
하지만 시간이 지날수록 점점 소리가 좋아졌다.
'야호! 이제 소리가 제대로 나는데!
역시 연습하니까 되는구나.'

기다려라, 프린스턴

이제 2학년이니 유학 준비를 시작해야 했다.

'그런데 어떻게 준비하지? 무엇부터 시작해야 하는 거야?'

우선 책부터 찾아 읽었다. 웹사이트를 돌아다니며 자료를 모으기도 했다. 어떤 시험을 봐야 하는지, 시험은 언제인지, 필요한 서류는 무엇인지……. 유학에 관한 모든 것을 알아보았다.

어느 정도 정리가 되었다. 하지만 뭔가 부족했다. 그때 좋은 생각이 떠올랐다.

'지금 유학하고 있는 분들에게 직접 물어보자! 무얼 어떻게 해야 하는지 누구보다 잘 아실 테니까.'

나는 인터넷을 검색하기 시작했다. 유학생들의 커뮤니티가 있을 것 같았다. 생각대로 있었다. 그리고 거기서 MSN 주소록을 찾았다. 하버드, 스탠퍼드 등 명문 대학교에 다니는 한국 학생들 주소였다. 나는 그 주소를 모두 친구로 등록했다. 얼마 후, 메신저 창에 누군가 로그인을 했다는 표시가 떴다.

'드디어 미국 명문대생과 대화할 수 있겠구나.'

가슴이 떨리기까지 했다. 내가 먼저 대화를 시작했다.

"안녕하세요? 저는 과학영재학교에 다니는 김현근입니다. 유학에 대해 알고 싶어서 친구로 등록했습니다. 실례가 되었다면 사과드립니다. 혹시 앞으로 가끔 질문을 드려도 될까요?"

그러나 아무 답이 없었다. 조금 불안해지기 시작했다. 조금 후 대답이 돌아왔다.

"내 MSN 아이디는 어떻게 알았니?"

"아, 프리챌 커뮤니티에서 보고……."

"도움을 구하고 싶으면 정상적으로 물어봐야지. 허락도 없이 MSN에 등록을 하다니. 이런 식으로 하면 곤란해."

나는 아무 말도 할 수 없었다. 무언가로 뒤통수를 세게 얻어맞은 느낌이었다. 기꺼이 도와줄 거라고 기대했는데, 그건 나만의 바람일 뿐이었다. 하지만 포기할 수 없었다. 난 다른 유학생들에게도 말을 걸었다. 하지만 매번 돌아오는 건 차가운 거절이었다. 나는 슬프고 화가 났다.

'도움이 필요한 사람을 왜 이렇게 차갑게 대하는 걸까? 나는 나중에 대학에 들어가면 절대로 그러지 않을 거야.'

그렇게 다짐하자 마음이 조금 누그러졌다. 포기하지도 않았다. 얼마 후 하버드 대학교의 '소라'라는 아이디가 로그인했다. 이번에는 그쪽에서 먼저 말을 걸어왔다.

"실례지만, 누구세요?"

"안녕하세요? 저는 과학영재학교에 다니고 있는 김현근입니다. 지금 유학을 준비하고 있는데 도움말을 얻고 싶어서 MSN에 등록했습니다. 도와주신다면 정말 고맙겠어요. 시간은 많이 뺏지 않겠습니다."

"그렇구나. 그럼 지금 고등학교 2학년이겠네요."

"예."

"내 도움이 필요하면 언제든지 말해요. 할 수 있는 데까지 도와줄게요."

그 말이 너무 고마웠다. 눈물이 날 것 같았다. 도와줄 사람이 있다는 게 참 든든했다.

소라 누나는 많은 이야기를 들려주었다.

"영어는 당연히 잘 해야 하죠. 당장 입학에 필요한 서류

나 에세이도 모두 영어로 써야 하니까요. 그리고 시험 성적만 좋아서는 안 돼요. 성적은 다들 좋으니까. 자기만의 특별한 무언가가 있어야 해요. 학생회 활동이나 사회봉사, 예능 활동도 도움이 될 거예요. 미국 명문대에서는 공부만 잘 하는 학생보다는 창의력과 열정을 지닌 학생을 원하니까요."

나만의 특별한 무엇. 그런데 내게는 그런 것이 없었다.

'난 머리도 좋지 않고 남보다 뛰어난 점도 없어. 음악이나 미술에 재능이 있는 것도 아니고. 큰일 났다. 어떻게 하지?'

그래서 난 결심했다.

'뛰어난 게 하나도 없다면, 모든 걸 완벽하게 하자.'

우선, 유학을 가려면 봐야 하는 시험(SAT Ⅰ, SAT Ⅱ, AP, 토플)에서 높은 성적을 받아야 했다. 학교 성적도 더 잘 받아야 했다. 공부 말고 특별 활동도 필요했다. 특별한 재능이 없던 나는 다양한 분야에서 열심히 활동했다는 걸 보여주기로 했다. 그래서 교내 신문사 편집위원, 농구팀 주장, 학생회 임원 등 여러 일을 맡았다.

음악 활동도 필요할 것 같아 학교 오케스트라에 들어가기로 결심했다. 그러나 고민이 되었다.

'그런데 무슨 악기로 오케스트라에 들어가지? 할 줄 아는 거라곤 피아노밖에 없는데. 하지만 피아노는 잘 치는 아이들이 너무 많잖아. 그렇다면 남들이 하지 않는 걸 해야 하는데…….'

아무리 생각해도 답이 안 나왔다.

그래서 무작정 음악 선생님을 찾아갔다.

"선생님, 저 오케스트라에 들어가고 싶습니다."

"그래, 현근이는 어떤 악기를 다룰 줄 아니?"

"피아노를 조금 칩니다. 사실 다른 악기는 연주할 줄 모르고요."

"피아노 연주자 자리는 이미 다 찼구나. 지금 트럼펫 연주자 자리가 하나 비어 있긴 한데. 트럼펫은 어떠니?"

"네, 좋습니다. 불 줄 모르지만 학교 트럼펫을 빌려 주시면 열심히 연습하겠어요."

"빌려 줄 수는 있는데, 혼자서 연습하려면 쉽지 않을 텐데? 연습할 곳도 마땅치 않고……."

"연습할 곳은 찾아보겠습니다. 열심히 할게요."

잠시 고민하시던 선생님께서 말씀하셨다.

"그럼 이렇게 하자. 트럼펫을 빌려 줄 테니까 기본적인

소리 내는 법은 경훈이한테 가르쳐 달라고 해. 그리고 오케스트라 정기 연습 시간 외에는 오케스트라실에서 연습해도 좋다. 단 열심히 연습해야 한다."

"네, 선생님 감사합니다."

트럼펫을 받아들자마자 경훈이를 찾아갔다. 경훈이는 오케스트라의 유일한 트럼펫 주자였다. 그만큼 실력도 뛰어났다. 우선은 소리 내는 법만 배웠다.

"몸에 힘을 빼고, M 발음을 해 봐. 그렇게 이를 다물고, 입술을 모아서 불어 봐. 입술을 벌리면 안 돼."

나는 트럼펫에 입을 대고 소리를 내 보았다. 경훈이가 가르쳐 준 대로 하는데도 소리가 잘 나지 않았다. 며칠을 연습하자 비로소 소리가 났는데, 그나마 몹시 듣기 싫은 소리였다.

'윽, 진짜 듣기 싫다. 얼마나 연습해야 경훈이처럼 잘 불 수 있을까?'

수업이 끝나면 학교 옥상이나, 뒷산에 올라가 혼자서 불고 또 불었다. 일주일 내내 불었는데도 방귀 같은 소리만 나왔다. 하지만 시간이 지날수록 점점 소리가 좋아졌다.

'야호! 이제 소리가 제대로 나는데! 역시 연습하니까 되

는구나.'

 소리가 제대로 나니까 재미도 있었다. 간단한 곡 정도는 연주할 수 있게 되었을 때, 나는 오디션을 보기 위해 다시 선생님을 찾아갔다. 오디션은 선생님과 연습 중이던 오케스트라 단원들 앞에서 치러졌다. 모두가 지켜보는 가운데 연주를 하려니 긴장이 되었다.

 '떨지 말자. 그동안 열심히 연습했잖아. 결과에 상관없이 최선을 다하는 거야.'

 긴장을 해서인지 약간의 실수는 있었지만, 대체로 만족스럽게 연주를 끝냈다. 이내 박수가 터져 나왔다. 선생님이 말씀하셨다.

 "멋진 연주였다. 한 달 만에 이 정도라니. 현근이 열심히 연습했구나. 합격이다."

 "현근아, 축하해. 정말 잘 하던데? 이젠 내가 가르칠 게 없겠다. 하하."

 "야, 쑥스럽게…… 다 경훈이 너 덕분이지 뭘. 고맙다."

 그렇게 선생님의 칭찬과 친구들의 축하를 받으며 나는 교내 오케스트라에 들어갈 수 있었다. 열심히 노력해서 이룬 또 하나의 성과였다.

고시원에서 보낸 한 달

고2 여름방학. 서울역에 막 도착한 나는 막막했다.

'이제 어디로 가지?'

기차에서 내린 사람들은 모두 목적지를 향해 바쁘게 걸어가고 있었다.

'일단 역에서 나가자.'

나는 우선 PC방으로 가서 고시원에 관한 정보를 찾기로 했다. 한 달 동안 묵을 곳으로 고시원이 가장 저렴했기 때문이다. 나는 그중에서도 제일 싼 곳을 찾아야 했다.

컴퓨터 화면에 엄마의 얼굴이 겹쳐졌다.

"저…… 엄마."

"응?"

"제가요…… 그러니까, 음. 서울에 가고 싶어요."

"서울? 왜?"

"서울에 있는 SAT(미국의 대학수학능력시험) 학원에 다니고 싶어서요. 지금까지는 혼자 공부했지만 한 달만 다녀 보고 싶어요. 학원에서는 어떤 걸 가르쳐 주는지 궁금해요. 제가 잘 하고 있는지도 알고 싶고요."

"그래. 아빠랑 의논해 볼게."

엄마의 얼굴이 눈에 띄게 어두워지셨다. 돈 때문이었을 것이다. 학원비도 있어야 하고 생활비도 있어야 하니까. 며칠 후 엄마는 90만 원을 건네주셨다.

'힘들게 마련해 주신 90만 원……. 엄마는 또 어디서 돈을 빌리셨을 거야. 무조건 싼 고시원을 찾아야 해.'

내가 다닐 학원은 강남에 있었다. 그래서 강남에 있는 고시원을 검색했다. 그런데 다들 너무 비쌌다.

'강남은 비싸서 안 되겠다. 학원에서 멀어도 싼 곳을 찾아야겠어.'

마침내 알맞은 고시원을 찾았다. 한 달에 19만 원만 내면 되었다. 아무리 찾아봐도 그보다 싼 곳은 없었다.

고시원에 도착했을 때, 나는 깜짝 놀랐다.

'헉! 여기서 사람이 어떻게 살지? 너무 좁잖아! 또 너무 덥잖아!'

작은 책상과 작은 침대가 전부였는데 침대는 내 키보다 작았다. 그런데도 방은 꽉 찼다. 짐을 내려놓자 서 있을 자리도 없었다.

'좁은 건 참을 수 있어. 그런데 왜 이렇게 덥지?'

땀이 옷을 적시고 있었다. 점심을 거른 터라 배도 무척 고팠다.

나는 주인 아저씨가 가르쳐 주신 식당으로 올라갔다. 커다란 전기밥통에 밥이 들어 있었다. 밥은 고시원에서 주는 거라고 했다. 반찬은 내가 알아서 준비해야 했다.

'밥은 있으니까 참치 통조림 사다가 같이 먹으면 되겠다.'

참치 통조림을 사서 저녁을 먹고 잠이 들었다.

이튿날 아침, 강남에 있는 학원으로 가 등록을 하고 수업을 들었다. 내가 등록한 학원은 하루 5시간 수업에 20일 과정이었다. 학원비는 한 강좌에 60만 원이나 되었는데, 그나마 싼 편이라고 했다.

'우리가 모의고사 문제를 풀면 선생님이 풀이해 주시고, 영어 단어 시험 보고……. 전문 학원이라고 해서 특별한 것은 없네.'

수업이 끝나자 한 아이가 말을 걸어왔다.

"안녕."

"응, 안녕."

"넌 어디로 유학 가고 싶어?"

"프린스턴. 원래는 하버드 대학교에 가고 싶었지만."

"그럼 하버드 대학교에 가지 그래?"

"하버드 대학교는 어릴 때 꿈이었고, 지금은 생각이 바뀌었어. 그동안 많이 알아봤는데 내게 맞는 학교는 프린스턴이야. 과학 프로그램이 아주 좋더라고. 학교도 굉장히 아름답대. 그 지역 날씨도 좋고. 하지만 대학원은 하버드로 가고 싶어. 그래서 대학교는 프린스턴으로 가려는 거지. 서로 다른 학교에서 공부하는 게 좋을 것 같아서. 두 학교 다 다녀 보고 싶거든."

"그런데 너 말씨가 서울 사람 같지 않다. 어디서 왔냐?"

"부산. 넌?"

"대전에서 왔어. 이 근처 원룸에서 엄마랑 있어. 밥해 주신다고 엄마도 오셨어. 너도 이 근처에 원룸 얻었니?"

"아니. 난 신림동 고시원에 있어."

"뭐? 고시원?"

알고 보니 지방에서 온 아이들은 거의 다 학원 근처 원룸에서 지내고 있었다.

"현근아, 너 리딩(reading) 수업 필기 했으면 좀 빌릴 수 있을까? 졸아서 필기를 못 했지 뭐야."

"그런데 어쩌지. 난 리딩 안 듣거든. 라이팅(writing)만 들어. 다른 건 혼자서 공부해도 될 것 같아서."

학원에서 만난 아이들은 대부분 전 과목 수업을 들었다.

SAT를 잘 보려면 단어를 외우고, 문제를 많이 풀어 보는 게 중요했다. 그것은 혼자 해야 하는 공부였다. 학원 수업을 많이 듣는다고 잘 하는 게 아니었다. 그래서 나는 꼭 필요하다고 생각하는 수업 하나만 들었다. 물론 전 과목 수업을 들을 학원비도 없었다.

학원이 끝나고 다시 고시원으로 돌아와 방문을 열었다. 문을 열자 '훅' 하고 열기가 끼쳐 왔다. 책상에 앉아 공부를 하는데 책으로 땀방울이 뚝뚝 떨어졌다.

'아, 이게 무슨 고생이람. 우리 집이 조금만 더 넉넉했더라도 이 고생은 하지 않았을 텐데…….'

그러나 이내 마음을 고쳐먹었다.

'아냐, 이런 곳에서 몇 달, 몇 년씩 지내는 사람들도 있잖아. 그 사람들도 다 꿈을 위해 참고 견뎌. 난 잠깐 있다 돌아가면 되잖아. 끼짓, 힌 달만 참으면 되는데 뭘. 나중엔 다 추억이 될 거야.'

나는 힘들 때마다 프린스턴 대학교에 합격한 후의 내 모습을 상상했다. 아름다운 프린스턴 대학교. 아인슈타인이 거닐던 올든 레인이나 록펠러 칼리지를 거닐며 사색하는 내 모습. 친구들과 아무 근심 없이 자전거 여행을 떠나고, 삼삼오오 모여서 술도 한잔하는 행복한 미래를 상상하자 미소가 떠올랐다.

'그래, 그 날을 위해서라면 이깟 더위쯤은 얼마든지 참을 수 있어. 찬물로 세수나 하고 와야겠다. 그러면 좀 나을 거야.'

그런데 자리에서 일어나는 순간, 세상이 빙글 돌더니 눈앞이 캄캄해졌다.

얼마나 시간이 지났을까. 정신을 차렸을 땐 이미 방 안이 어둑해져 있었다. 나는 좁은 침대 위에 쓰러져 있었다. 몸을 움직이기 힘들었다. 그대로 누워 낮은 천장을 뚫어지게 바라보았다. 가족들이 너무나 보고 싶었다. 당장 짐을 싸서 부산에 내려가고 싶었다. 그러다 문득 이런 생각이 들었다.

'지금은 비록 좁은 방 안 스프링이 망가진 딱딱한 침대에 누워 있지만, 내 꿈만큼은 세상을 품을 만큼 넓고 웅장해. 내게 주어진 이 기회에, 그리고 부모님께 감사하자. 언젠가 내가, 그리고 우리 가족이 고생한 것에 대해 보상을

받는 날이 반드시 올 거야.'

나는 그렇게 속으로 수없이 되뇌었다. 나도 모르게 눈물이 고였다.

그런데 사실 나는 학원을 10일밖에 가지 않았다. 학원 수업이 생각만큼 도움이 되지 않았기 때문이다.

그런데 남은 10일분 학원비가 아까웠다. 그래서 원장 선생님을 찾아가서 나머지 학원비를 환불해 달라고 말했다. 선생님은 처음에는 안 된다고 하셨지만, 내가 집안 사정까지 털어놓으며 사정하자 결국 30만 원을 환불해 주셨다.

그때부터 찜통 같은 고시원에서 혼자서 SAT 공부에 몰두했다. 더위에도 차츰 적응되어 고시원 생활이 익숙해질 무렵, 나는 부산으로 돌아왔다. 한 달간의 고생스런 서울 생활을 통해 나는 혼자서도 충분히 유학을 준비할 수 있다는 자신감을 얻었다.

13. 기숙사 탈출 사건

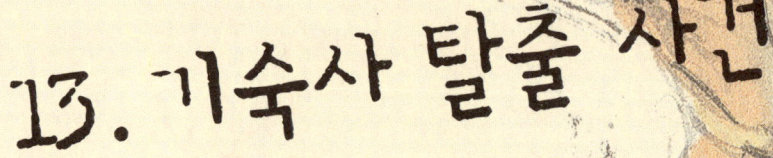

삼겹살은 노릇노릇 잘도 구워지고 있었다.
깨소금에 고기를 찍어 먹으며 나는 생각했다.
'그동안 너무나 그리워했던 풍경이야.
식구들과 함께 있으니 참 좋다.
식구들이 없었다면 얼마나 힘들었을까?
난 결코 버텨내지 못했을 거야.'

친구들과의 소중한 추억

2학년도 쏜살같이 지나갔다. 벌써 3학년이라니 믿어지지가 않았다. '3학년이 시작되었구나' 생각한 지가 엊그제 같은데 중간고사가 다가오고 있었다. 코앞에 닥친 중간고사에 유학 준비까지 하려니 몸이 열 개라도 모자랐다. 유학을 준비하던 다른 친구들도 폭발하기 일보 직전이었다. AP(대학의 기본 과목을 고등학교 때 수업을 듣거나 시험을 쳐서 미리 배우는 것)에 SAT Ⅱ시험도 준비해야 했다. 다들 스트레스가 극에 달해 있을 때였다.

기숙사 방에서 미적분 공부를 하고 있는데 정한이가 찾아왔다. 정한이도 중간고사 준비를 하다가 왔다고 했다. 한숨을 쉬며 정한이가 말했다.

"답답하지 않나?"

"왜 안 답답해. 답답해 미치겠지. 공부는 안 되고 시간은 없고……."

"나가자!"

"응?"

"잠깐만 학교 밖에 나갔다 오자."

"그래. 바람이라도 쐬면 좀 나아질 거야."

나는 바로 책을 덮고 일어섰다. 그러고는 같이 탈출할 동지들을 모았다. 함께 유학 준비를 하던 치형이, 모범생 중엽이가 함께 가겠다고 했다. 언제나 규칙을 잘 지키는 중엽이도 함께하겠다니 더 신이 났다. 우리 넷은 머리를 맞대고 기숙사 탈출 방법을 의논했다.

"사감 선생님한테 걸리면 어떻게 해."

"이 시간에는 기숙사를 돌아보지 않으셔."

"네 말만 믿는다. 그럼 어디로 빠져나가지?"

"1층에 우택이 방 창문이 완전히 열리거든. 그 문으로 살짝 빠져나가면 될 거야."

"우택이는 이 시간에 자. 방해할 수 없잖아."

"그럼 어쩌지? 그냥 파이프 타고 내려갈까?"

"파이프 타다가 떨어지기라도 하면?"

"하지만 다른 방법이 없잖아."

결국 기숙사 3층에서 가스 파이프를 타고 내려가기로 했

다. 막상 내려가려고 아래를 보니 아찔했다.

'떨어지면 최소한 중상이야.'

5월인데도 밤바람이 몹시 찼다. 파이프를 잡고 내려가는 손이 부들부들 떨렸다. 어두워서 잘 보이지도 않았다.

다행히 우리는 아무 사고 없이 땅바닥에 내려섰다. 기숙사 창문들에서 불빛이 새어 나오고 있었다. 우리는 불빛을 피해 몸을 최대한 숙이고 발소리를 죽여 살금살금 걸었다. 마치 해안선을 따라 침투하는 무장간첩이 된 것 같았다. 들키면 당장 정학이었다. 뒷문으로 학교를 빠져나왔을 때는 다들 큰 숨을 쉬었다.

"하아!"

밖으로 나오니 공기마저 다른 듯했다.

"아, 이제 좀 살 것 같다."

"그런데 우리 이제 뭐하지?"

아무도 대답을 하지 못했다. 학교를 빠져나오는 데만 급급해서 아무 계획이 없었던 것이다. 막상 밖에 나오니 막막했다.

"뭘 하려고 나온 건 아니잖아. 그냥 걷자. 걷기만 해도 가슴이 탁 트인다."

"그래도 나왔으니까 뭔가 해야지. 우리 뭐 사 먹을래?"

"뭘 먹지? 피자 집도 문을 닫았을 테고, 치킨 집은 문 연 데가 있겠다. 너희들 돈 많냐?"

"4천 원밖에 없어. 넌?"

"이런. 지갑 두고 왔다."

"아 참, 꼭 이런 인간이 있다니까. 난 만 원쯤 있어."

"그럼 비싼 건 못 먹겠고, 저기 갈비탕 집 있네. 저기 가자."

우리는 아직 문을 연 갈비탕 집으로 몰려 들어갔다. 자리에 앉자 주인 아주머니가 다가오셨다.

"뭐 시키시겠어요?"

"갈비탕 네 그릇 주세요."

"술은 안 하시고요?"

'헉, 술?'

우리는 서로 얼굴만 쳐다보았다. 그때 바른생활 사나이 중엽이가 얼른 말했다.

"예, 술은 됐습니다."

주인 아주머니가 사라지고 우리는 저마다 한숨지었다.

"우리가 고등학생으로 안 보이나 봐. 공부하느라고 폭삭

늙은 걸까?"

"술 시킬 걸 그랬나 봐. 하하."

낄낄대며 떠드는 사이 주문한 갈비탕이 나왔다. 평범한 갈비탕이었지만 이 세상 그 어떤 음식보다 맛있었다. 공부하느라 허기져 있기도 했고, 이 시간에 학교 밖에 있다는 사실에 흥분이 되기도 했다. 갈비탕을 맛있게 먹고 우리는 식당을 나왔다.

학교로 돌아가는 길, 하늘에는 별이 총총했다. 정한이가 불쑥 말을 꺼냈다.

"우리, 대학 잘 갈 수 있겠지?"

나는 고개를 들어 밤하늘을 올려다보았다. 반짝이는 별들이 우리를 내려다보며 미소 짓고 있는 듯했다. 나는 대답했다.

"그럼. 당연히 잘 가지. 이렇게 열심히 준비하는데 잘 가고 말고. 걱정 마. 다들 정상에서 또 보는 거야. 하하."

우리는 그렇게 서로를 위로했다. 공부에 지쳐 몸도 마음도 힘들 때, 친구만큼 고마운 존재도 없었다. 우리는 서로가 얼마나 애를 쓰는지, 대학 때문에 얼마나 불안한지 잘 알았다. 그만큼 서로에게 힘이 되어 주었다.

차가운 밤바람이 뺨을 스치고 지나갔다. 밝게 빛나는 별들을 보며 나는 생각했다.

'친구들과 함께한 오늘 밤은 오랫동안 소중한 추억으로 남겠지.'

가족이 그리워

친구들은 내게 큰 힘이 되어 주었지만 그래도 집이 그리웠다. 엄마, 아빠, 현아와 이야기도 하고 밥도 같이 먹고 싶었다. 학교 공부만으로도 버거운데 유학까지 준비하려니 너무 힘들었다. 학교 공부와 유학 준비 말고도 나는 할 일이 많았다. 학교 신문사와 영자 신문사 기자, 학생회 임원에 자원 봉사, 게다가 오케스트라 활동까지 너무나 바빴다. 그만큼 피로가 쌓여 갔다. 그럴수록 가족이 몹시 그리웠다.

한 달에 한 번뿐이었지만 집에 갈 때마다 난 힘을 얻어 돌아오곤 했다.

'아, 집에 가고 싶다. 삼겹살 구워 먹으면서 농담도 하고 웃다 보면 힘이 좀 날 텐데…….'

삼겹살은 내가 제일 좋아하는 음식이지만 학교에서는 먹기가 힘들었다.

그렇게 기다리다가 집에 가는 날이 되면 발걸음은 한없이 가벼웠다. 그날도 골목으로 들어서자마자 집을 향해 뛰었다.

"엄마! 아빠! 나 왔어요."

엄마, 아빠, 그리고 현아까지 모두 나와 나를 반갑게 맞아 주었다.

"어서 와라, 아들."

두 분의 표정이 밝았다. 아빠는 얼마 전부터 보험 설계사 일을 시작하셨다. 그동안 마음고생이 얼마나 심하셨을까. 직장을 갖게 된 후로 아빠는 예전처럼 농담도 자주 하셨다. 우리 집에는 다시 웃음소리가 들렸고, 집에 오면 나는 기분이 좋았다.

1학년 때만 해도 나는 학교에서 제일 늦게 집에 가는 아이였다. 부모님이 얼마나 나를 위하시는지 잘 알고 있었지만 집에 가면 무겁게 가라앉은 집안 분위기에 가슴이 답답해지곤 했다. 하지만 이제는 집에 간다는 생각만으로도 기분이 좋았다.

엄마는 기다렸다는 듯 상을 차리기 시작하셨다. 말 안 해도 엄마는 아신다. 내가 삼겹살을 먹고 싶어 한다는 걸. 가족과 함께 둘러앉아 구워 먹는 삼겹살은 맛이 기가 막혔다. 라면도 집에서 먹으면 그렇게 맛있을 수가 없었다. 기숙사에서 배가 고프면 늘 컵라면을 먹었는데, 양은 냄비에 제대로 끓여 먹는 라면은 꿀맛이었다.

나는 주방으로 가 엄마 곁에 섰다.

"뭐 도와 드릴 거 없어요? 피곤하실 텐데."

빚을 갚아야 했기 때문에 엄마는 매일 밤 10시까지 학습지 선생님 일을 하셨다. 나는 그 일이 얼마나 힘든지 알고 있었다.

"아니다. 앉아 있어. 장도 다 봐 놨으니 상만 차리면 돼."

엄마를 도와 상을 차렸다. 상추를 씻어 밥상 위에 놓고 수저도 놓았다. 휴대용 가스레인지를 꺼내 프라이팬을 올려놓았다. 엄마가 사다 놓으신 삼겹살은 푸짐했다.

프라이팬이 달구어지자 아빠가 삼겹살을 올려놓으셨다. 이윽고 지글지글 삼겹살이 구워졌다. 고기를 뒤집으며 아빠가 말씀하셨다.

"유학 준비하느라고 힘들지?"

아빠 말씀에 갑자기 코끝이 찡해졌다. 사실 많이 힘이 들었다. 몸도 힘들었지만 '내가 지금 잘 하고 있는 걸까?' 하는 불안감 때문에 더 힘들었다. '내가 정말 유학을 갈 수 있을까?' 하는 생각에 자신감을 잃을 때도 많았다.

"네."

나는 부모님이 걱정하실까 봐 일부러 가볍게 대답했다. 그러나 곧 나도 모르게 속마음이 튀어나왔다.

"그런데 제가 유학을 갈 수 있을지 모르겠어요."

엄마는 쌈을 싸다 말고 나를 쳐다보셨다.

"네가 못 가면 누가 유학을 간다니? 네가 누구야, 엄마 아들이잖아. 넌 할 수 있어."

아빠가 엄마를 보며 말씀하셨다.

"왜 이래요. 현근이는 내 아들이기도 해요. 현근아, 엄마가 널 혼자 낳은 것처럼 말하는구나."

잠자코 있던 현아도 한 마디 거들었다.

"오빠가 누구 오빤데. 걱정 마. 꼭 갈 수 있을 거야."

나는 그만 큰소리로 웃고 말았다. 내 아들, 내 오빠니까 할 수 있다고 말해 주는 가족들이 고마웠다.

삼겹살은 노릇노릇 잘도 구워지고 있었다. 깨소금에 고기를 찍어 먹으며 나는 생각했다.

'그동안 너무나 그리워했던 풍경이야. 식구들과 함께 있으니 참 좋다. 식구들이 없었다면 얼마나 힘들었을까? 난 결코 버텨내지 못했을 거야.'

힘들 때마다 난 엄마와 아빠를 생각했고, 꿈을 이루기 위해 최선을 다하는 모습을 보여 드리려고 애썼다. 나는 부모님께 희망을 드렸고, 부모님은 내게 힘을 주셨다. 그 속에서 난 최선을 다할 수 있었다. 그리고 매순간 최선을 다하는 것이 내 삶을 값지게 만든다고 생각했다.

14. 꿈의 장학금

"자신의 장점과 단점이 무엇이라고 생각하나?"
기다리던 질문이었다. 준비를 많이 했기 때문이다.
'장점은 솔직하게 말하면 된다.
단점은 단점이 될 수도 있고
장점이 될 수도 있다는 걸 말해야 한다.
면접을 잘 보려면 그렇게 하라고 책에 나와 있었어.'

장학금이 필요해

기말고사도 끝나고 여름방학이었다.

나는 자기소개서를 열심히 쓰고 있었다. 삼성 장학금을 받기 위해서였다.

'잘 써야 돼. 난 장학금을 꼭 받아야 하니까. 미국 대학에서 공부하려면 1년에 5천만 원이나 든다잖아. 대학 4년 동안 모두 2억 원이 드는 거야. 우리 집 형편으로는 어림도 없어. 아무리 좋은 학교에 합격한다 해도, 장학금을 받지 못하면 공부할 수가 없어.'

장학금을 받으려면 시험을 치러야 했다. 1차 시험은 서류 전형이었다. 성적과 상을 받은 내용, 자기소개서, 에세이를 내면 되었다.

자기소개서를 다 쓰고 나서 다시 한 번 읽어 보았다.

가난한 환경에서도 꿈을 잃지 않았다는 내용이었다. 과학영재학교에 들어와서 얼마나 힘들었는지도 적었다. 난 영재도 아니고, 특별히 잘 하는 것도 없었다. 끊임없이 노력하는 수밖에 없었다. 그리고 진짜 영재들 사이에서 좋은 성적을 거두었다.

'이 정도면 됐어. 분량도 적당하고. 내용도 괜찮은걸? 그래도 나중에 손을 더 봐야지.'

이번에는 에세이를 쓸 차례였다.

'내가 공부하고 싶은 생물학에 대해서 쓰자.'

차근차근 생각을 정리했다.

'처음엔 그냥 질병에 대해 궁금증이 많았어. 친척 분들이 병으로 돌아가시는 걸 유난히 많이 보았기 때문인가 봐. 학년이 올라가면서 그 궁금증이 자연스럽게 생물학에 대한 관심으로 이어졌고……. 의학도 관심이 있지만, 우선은 생물학을 전공해야지. 의학은 대학원에서 공부할 수도 있으니까. 그 다음엔 암이나 에이즈 같은 병을 치료하는 방법을 개발하는 훌륭한 사람이 될 거야. 이런 구체적인 생각을 할 수 있었던 건 모두 과학영재학교에 입학한 덕분이야. 기본적인 과학 지식을 배우고, 연구 경험을 쌓은 것도 이곳이 아니었다면 불가능했겠지.'

정리한 생각을 글로 옮기기 시작했다. 다 쓰고 나서는 여러 번 손을 보았다. 그렇게 서류를 모두 준비해서 장학 재단으로 보냈다.

9월 말이었다. 1차 서류 전형에 합격했다는 전화가 왔다.
'됐다! 이제 면접 준비해야지!'
우선 미국에 있는 영수에게 이메일을 보냈다.
'영수야, 잘 지내니? 나 삼성 장학금 1차 시험에 붙었어. 이제 면접을 준비해야 해. 너 작년에 삼성 장학금 받았잖아. 면접시험은 어떻게 준비해야 해?'
꼬마 영수는 벌써 MIT 대학생이었다. 워낙 영재였던 영수는 영재학교를 1년 일찍 졸업했다.
영수에게서 답장이 왔다. 여러 가지 도움말을 해 주었다. 그중에서 가장 눈에 띈 것은 이 말이었다.
'형, 질문을 받으면 그때그때 재빨리 생각해. 머뭇거리지 말고.'
걱정이 되었다. 난 뭐든지 준비를 해야만 잘 할 수 있었다. 미리 연습하고 외워야 했다.
'어떻게 하지? 난 그때그때 질문에 잘 대답하지 못하는데. 대답을 준비해야 해. 하지만 무슨 질문이 나올지 알

수가 없잖아. 생각도 못한 질문이 나오면 난 쩔쩔매고 말 거야.'

컬럼비아 대학교에 다니는 친구한테도 이메일을 보냈다. 그 친구도 성적이 뛰어났다. 그래서 학교를 일찍 졸업했다.

'현근아, 면접이 쉽지는 않을 거야. 경쟁도 세고. 작년에 면접 보러 갔더니 서울에서 온 아이들이 많더라. 면접 학원까지 다니면서 준비했더라고.'

나는 놀랐다.

'면접 학원이라는 게 있구나. 면접 잘 보는 방법을 가르쳐 주나 봐. 학원에서 배우고 온 아이들이 훨씬 잘 보겠지.'

더 열심히 준비할 수밖에 없었다.

나는 어떤 질문이 나올지 생각해 보고 예상 질문을 뽑았다. 어떤 대답을 할지도 정리했다.

그런 다음에는 발표 준비를 했다. 내가 쓴 에세이에 관한 발표였다. 어떻게 발표를 할지 글로 써 보았다. 그리고 모조리 외워 버렸다.

자신 있게, 솔직하게

마침내 면접시험 날. 면접장으로 가는 버스 안이었다. 나는 발표할 내용을 외우고 있었다. 다 외운 내용이었지만 계속해서 중얼거렸다. 15분 동안 발표해야 해서 양도 많았다.

'긴장해서 틀리면 어떻게 하지? 외운 대로 줄줄 나와야 하는데……. 아냐, 틀리긴 왜 틀려. 김현근. 할 수 있다. 자신감을 갖자.'

중얼거리다 보니 벌써 면접 장소였다. 버스에서 내려 건물 안으로 들어갔다. 면접실 앞에서 차례를 기다리는데 아무 생각이 안 났다. 너무 긴장한 탓이었다. 그때 내 이름을 부르는 소리가 났다. 나는 숨을 크게 한 번 쉬고 면접실 안으로 들어갔다. 면접관은 모두 세 분이었다. 그 가운데 한 분이 물으셨다.

"점심은 맛있게 먹었어요?"

"예. 돌솥밥이 있길래 맛있게 먹고 왔습니다."

"그럼 이제 준비한 내용을 발표해 봐요. 15분은 짧지 않은 시간이죠. 시간은 많으니까 서두르지 말고 하면 돼요."

"예, 그럼 시작하겠습니다."

나는 외워 온 대로 발표를 해 나갔다. 몇 번씩 외운 내용이어서 술술 나왔다.

'김현근, 잘 하고 있어.'

자신감이 생기자 여유도 생겼다. 그런데 어느 순간, 말이 끊어졌다.

'맙소사. 생각이 안 나. 다음 내용이 뭐였더라? 기억해 내야 해. 김현근, 빨리 기억해 내!'

하지만 아무것도 생각나지 않았다. 그렇게 몇 초가 흘렀다. 앞이 캄캄하고 머릿속은 하얗게 되었다. 온몸의 땀샘에서 땀이 솟아나는 듯했다. 그래도 나는 살짝 웃었다. 당황한 모습을 보이기 싫었기 때문이다.

"죄송합니다. 제가 너무 긴장을 해서 내용을 잠시 잊어버렸네요."

다시 말을 이어 나갔다. 하지만 정신이 하나도 없었다. 한번 막히기 시작하니까 말은 계속 막히고, 그래서 가슴이 쿵쾅거렸다. 15분이 어떻게 지나갔는지 몰랐다.

몇 가지 질문에 대답하고 난 후 면접실을 나왔다.

'그렇게 열심히 외웠는데……. 망했다.'

이제 전문성 면접시험이 남아 있었다. 차라리 마음이 편했다. 처음처럼 긴장되지도 않았다. 면접관이 질문하셨다.

"라이프 사이언스와 메디컬 사이언스의 차이점이 뭐라고 생각하나?"

"라이프 사이언스란 생명과학을 아우르는 말입니다. 생명 체제를 연구하는 학문이죠. 요즘은 분자적 단위에서 활발한 연구를 하고 있습니다. 메디컬 사이언스는 좀 다릅니다. 생명 연구라기보다 암 같은 질병 연구입니다. 메디컬 사이언스의 기초가 라이프 사이언스입니다."

아는 내용이라 쉽게 대답할 수 있었다. 다음 질문이 이어졌다.

"자신의 장점과 단점이 무엇이라고 생각하나?"

기다리던 질문이었다. 준비를 많이 했기 때문이다.

'장점은 솔직하게 말하면 된다. 단점은 단점이 될 수도 있고 장점이 될 수도 있다는 걸 말해야 한다. 면접을 잘 보려면 그렇게 하라고 책에 나와 있었어.'

나는 망설이지 않고 대답했다.

"저는 한 가지에 깊이 빠지면 다른 일은 신경을 못 씁니다. 이것이 제 단점이에요. 앞으로 고쳐 나가야 할 점입니다. 하지만 그만큼 집중한다는 뜻이고, 그래서 장점이 될 수도 있다고 생각합니다. 집중하면 더 잘 할 수 있으니까요. 지금까지 그런 성격 덕을 많이 봤습니다. 공부할 때도 다른 생각 안 하고 집중했습니다. 그래서 친구들이 오해를 할 때도 있었어요. 공부할 때 말을 걸면 듣지 못하거든요."

그러자 면접관 한 분이 농담 삼아 말씀하셨다.

"그럼 학생은 단점이 없는 거네?"

다른 면접관들이 웃음을 터뜨리셨다. 화기애애한 분위기 속에서 또 다른 질문이 나왔다.

"DNA 자동 분석 기술의 바탕은 PCR 기술이네. PCR 기술에 대해 설명해 볼까?"

당황했지만, 애써 태연하게 대답했다.

"지금은 잘 모르겠습니다. 하지만 DNA 자동 분석 기술의 바탕이라니, 아주 흥미롭습니다. 앞으로 배우고 싶습니다."

그냥 "모릅니다"라고 끝내는 것보다 나은 대답이라는 생각이 들었다.

드디어 최종 합격자 발표를 하는 날이었다. 아침에 일어나면서부터 가슴이 떨렸다. 점심시간이었지만 밥 한 숟가락도 제대로 넘어가지 않았다.

'발표가 날 때도 됐는데…….'

시간이 갈수록 더 초조했다. 점심을 먹고 식당을 나왔다. 그때 전화가 울렸다.

"현근아, 지금 발표 났대. 종우는 됐다고 하더라. 너도 빨리 확인해 봐."

"응, 그래."

일부러 태연한 척했다. 하지만 심장이 쿵쾅거렸다. 얼른 이메일을 확인했다. '장학생 선발 합격자 발표'라는 제목의 이메일이 와 있었다. 이메일을 열어 보았다.

'장학생으로 선발되신 것을 축하합니다.'

몇 초 후, 나는 학교가 떠나가리만큼 크게 환호성을 질렀다.

"야호!"

우리나라에서 열일곱 명만 뽑는 장학생에 내가 선발된 것이다. 이제는 돈 걱정을 하지 않아도 되었다. 열심히 입학 준비만 하면 되었다.

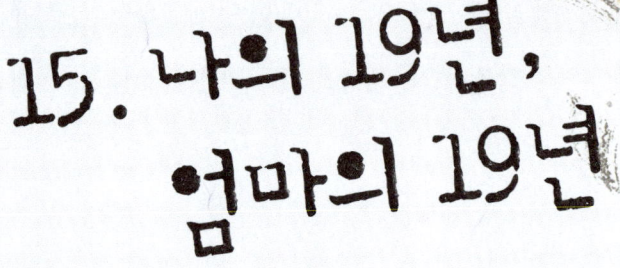

15. 나의 19년, 엄마의 19년

은행까지 죽을힘을 다해 뛰었다.
은행 안으로 들어갔을 때, 직원들은 업무를 정리하고 있었다.
"헉헉, 잠깐만요!"
모두가 헉헉대며 뛰어 들어오는 나를 쳐다보았다.
"화, 환전! 환전!"
숨이 차서 말도 제대로 안 나왔다. 숨을 가다듬고 다시 말했다.

내 꿈이 담긴 봉투

프린스턴 대학교에 입학원서를 내야 하는 날이 점점 다가오고 있었다.

'그동안 열심히 준비를 했어. 학교 공부에, 오케스트라 활동에, 봉사 활동, 그리고 학교 신문사랑 학생회 활동까지. 무엇보다도 3년 내내 지독하게 공부했어. 덕분에 성적은 늘 최상위권이었어. 이제 원서를 내기만 하면 돼. 결과는 상관없어. 난 정말 있는 힘껏 노력했으니까.'

필요한 서류는 모두 준비했다. 며칠 동안 에세이도 다듬었다. 그동안 어떤 활동을 했는지 정리한 문서도 만들었다. 추천서도 여러 분한테서 받았다. 이제 봉투에 넣어 미국으로 부치기만 하면 되었다.

마침내 10월 15일, 원서 접수 마감일이 돌아왔다. 마지막으로 서류들을 검토했다. 생각보다 시간이 오래 걸렸다.

'뭐 빠진 건 없나? 잘못된 건 없겠지? 오랫동안 신경 써

서 준비했으니.'

그런데 추천서를 넣은 봉투가 좀 이상하다는 생각이 들었다.

'앗! 선생님께 사인을 안 받았잖아?'

추천서를 넣고 봉투를 붙인 다음, 그 부분에 선생님의 사인이 있어야 했다. 그런데 깜박 잊은 것이다.

선생님 연구실로 뛰어갔다. 다행히 선생님은 자리에 계셨다.

"헉헉, 선생님! 사인해 주세요!"

추천서 봉투를 내밀었다. 선생님이 사인을 해 주셨다.

시간은 자꾸 가고, 나는 점점 불안해졌다. 또 잘못된 부분이 있을 것 같았다. 한 번 더 꼼꼼히 검토해 보고 싶었다. 하지만 벌써 4시였다. 서둘러야 했다.

학교 앞에서 택시를 잡았다.

"우체국으로 가 주세요. 빨리 가 주시면 고맙겠습니다."

택시에서 내렸을 때, 4시 20분이었다. 허겁지겁 우체국 안으로 뛰어들었다. 늦은 오후라 손님은 별로 없었다. 우선 돈을 바꿔야 했다. 원서비 65달러를 함께 보내야 했기 때문이다. 나는 만 원짜리 일곱 장을 내밀었다.

"미국 달러로 바꿔 주세요."

직원 아저씨가 내 얼굴을 빤히 들여다보셨다.

"환전은 은행에서 해야지."

"예? 은행은 몇 시까지 여는데요?"

"저 옆 길 건너에 있어. 지금 문 닫았을 수도 있는데, 빨리 가 봐."

은행까지 죽을힘을 다해 뛰었다. 은행 안으로 들어갔을 때, 직원들은 업무를 정리하고 있었다.

"헉헉, 잠깐만요!"

모두가 헉헉대며 뛰어 들어오는 나를 쳐다보았다.

"화, 환전! 환전!"

숨이 차서 말도 제대로 안 나왔다. 숨을 가다듬고 다시 말했다.

"오늘까지 미국 대학에 원서를 부쳐야 합니다. 원서비 65달러를 같이 부쳐야 하는데 돈을 못 바꿨어요. 업무 시간은 끝났지만, 환전을 해 주시기 바랍니다."

직원 한 분이 다시 자리에 앉으며 말했다.

"많이 급한가 보구나."

그 분은 달러를 건네주며 덧붙였다.

"업무 시간은 끝났지만, 학생이 급해 보이니까 특별히 해주는 거야."

"아, 정말 감사합니다."

나는 다시 우체국을 향해 전속력으로 달렸다.

우체국 업무 마감까지는 아직 여유가 있었기 때문에 마지막으로 한 번 더 원서를 검토했다. 업무 마감 5분 전까지 혹시나 잘못된 부분이 있는지 꼼꼼히 보고 또 봤다. 드디어 프린스턴으로 원서를 보낼 수 있었다. 환전한 달러와 봉투를 직원에게 건넸다. 직원이 물었다.

"어디로 보내는 거죠?"

"미국, 프린스턴 대학교입니다."

소인이 찍힌 봉투가 우편물 상자 안으로 툭 떨어졌다. 프린스턴 대학교 수시특차 지원서. 나는 그 봉투를 가만히 바라보았다.

'내 꿈이 담긴 봉투, 내 운명이 담긴 봉투야.'

여러 가지 감정들이 솟아나면서 눈물이 났다. 지금 이 순간까지 한 치의 후회도 없이 열심히 살았다는 생각이 들면서 감격스러웠다. 불과 3년 전만 해도 영재들과 함께 공부하게 되리라곤 상상도 못했다. 유학이라는 꿈은 멀게만 느껴졌다. 그런데 미국 명문 대학에 지원서를 낸 것이다. 그러고 보면 민사고에 떨어진 것도, 우리 집이 가난했던 것도 나를 강하게 만든 좋은 환경이었다. 모든 상황이 내 발전의 밑거름이 되었다. 모든 면에서 나는 정말로 행운아였다.

프린스턴에 오게 된 것을 환영합니다!

'컬럼비아 대학교랑 다른 학교들은 합격자 발표가 다 났다던데. 프린스턴 대학교도 발표가 나지 않았을까?'

궁금해서 참을 수가 없었다. 잠도 오지 않았다. 벌써 새벽 1시였다.

'도저히 안 되겠다. 아무것도 못 하겠어. 기다리는 게 이렇게 힘든 일이라니.'

이리 뒤척 저리 뒤척 하다가 결국 벌떡 일어났다. 잠자리를 빠져나와 기숙사 1층으로 내려갔다. 1층 복도에 사감 선생님 책상이 있었다. 그리고 그 책상 위에는 전화가 있었다. 나는 프린스턴 대학교로 국제전화를 걸었다. 신호음이 들리고, 곧 목소리가 들렸다.

"헬로."

나도 영어로 이야기했다.

"합격자 발표가 났나요?"

"아니요, 아직. 내일 다시 전화할래요?"

"예, 알겠습니다."

바로 내일, 내 운명이 결정되는 거였다.

다음 날 새벽. 나는 또 1층으로 내려갔다. 프린스턴 대학교로 두 번째 전화를 걸었다. 번호를 누르는 손끝이 가늘게 떨렸다. 심장은 더 크게 떨렸다.

'떨어졌으면 어떻게 하지?'

휴게실에 있는 친구들도 신경이 쓰였다. 휴게실에는 새벽까지 공부하는 아이들이 있었다.

'내가 전화하는 소리를 들으면 안 되는데. 붙으면 들어도 괜찮지만, 떨어지면…….'

그때 전화기 속에서 목소리가 들려왔다. 나는 손으로 입을 가리고 조용히 말했다.

"한국에서 지원한 학생입니다. 합격자 발표가 났나요?"

"예, 연결해 드리겠습니다."

이내 연결음이 들리고, 이번에는 남자가 전화를 받았다.

"제 결과를 알고 싶습니다."

"이름이 뭐죠?"

"김, 현, 근입니다."

컴퓨터 자판을 두드리는 소리가 들렸다. 그리고 잠시 아무 소리도 들리지 않았다.

"주소가 뭐죠?"

나는 주소를 말했고, 한 번 세게 자판을 치는 소리가 들렸다. 엔터 키를 누르는 것 같았다.

"이름이 김현근 맞습니까?"

"예, 맞습니다."

"흐음."

심장이 덜컥 내려앉았다.

'왜 한숨을 쉬는 거지? 나, 떨어졌나 봐. 아아, 왜 이렇게 뜸을 들이는 걸까?'

"합격입니다."

너무도 딱딱하고 무거운 목소리였다. 불합격인데 내가 잘못 들은 것 같았다.

"지금 합격이라고 하셨나요?"

갑자기 밝고 높아진 목소리가 들려왔다.

"네~ 축하합니다. 프린스턴에 오게 된 것을 환영합니다!"

그는 웃으며 축하해 주었다. 날 놀리느라고 일부러 뜸을 들이고, 목소리도 딱딱하게 냈던 것이다.

합격! 그토록 꿈에 그리던 합격이었다. 얼굴이 발갛게 달아올랐다. 가슴은 활활 타는 것 같았다. 기쁘다는 말로는 부족했다.

전화를 끊고 2층으로 올라갔다. 휴게실에서는 친구들이 공부를 하고 있었다. 졸업논문을 쓰는 친구도 있었고, 대

학 입학원서를 준비하는 친구도 있었다.

입구에 서서 큰 소리로 외쳤다.

"합격했어! 합격했다구!"

친구들이 일제히 나를 쳐다보았다. 영문을 모르겠다는 표정들이었다. 친구들은 서로를 바라보았다. 그제야 알겠다는 표정들을 지었다. 그러고는 일제히 내게 달려들었다.

"합격했어? 와아! 잘 했다, 김현근!"

"거 봐, 된다고 했잖아. 진짜 축하한다. 정말 축하해!"

정한이는 몸이 부서질 만큼 내 몸을 꽉 껴안았다. 다른 친구는 내 어깨에 올라타 주먹으로 두들겨 댔다.

"고생 끝에 낙이 온다더니……. 3년 동안 널 봤지만, 넌 정말 감동이야."

"뭘 감동까지 하고 그러냐."

"아냐. 정말 감동 받았어. 노력하면 되는구나, 하는 생각도 들고. 솔직히 네 머리가 특별히 좋지는 않잖아. 그런데 어떻게 너보다 훨씬 머리 좋은 애들보다 공부를 잘 해? 너 같은 녀석은 처음 본다. 앞으로도 보기 힘들 거야."

친구들은 자기 일처럼 기뻐해 주었다. 나는 진심 어린 축하를 듬뿍 받았다. 그러다 보니 벌써 새벽 3시였다. 주무실 것 같았지만 집에 전화를 했다. 엄마가 전화를 받으셨다.

"지금 주무세요?"

"아니. 왜?"

하지만 잠에서 막 깨신 목소리였다.

"저 프린스턴에 합격했어요."

"……."

엄마는 아무 말씀이 없으셨다. 조금 후 목이 멘 엄마의 목소리가 들려왔다.

"진짜 수고했다, 아들아. 축하한다. 오늘은 잠 못 자겠다, 그치?"

전화를 끊고 얼마 지나지 않아 문자 메시지가 왔다.

'너의 19년과 엄마의 19년, 총 38년의 노력이 빚은 결실이구나. 수고했다, 아들아.'

엄마 말씀대로 잠이 오지 않았다. 어쩐지 두렵기도 했다.

'내가 정말 합격한 걸까? 이건 꿈이 아닐까? 정말 꿈이라면 어떻게 하지?'

하지만 꿈이 아니었다. 합격을 알리는 서류가 도착했던 것이다. 서류를 받아 보고서야 안심이 되었다.

'이건 꿈이 아니야! 내가 정말 합격한 거야!'

그토록 원했던 미국 유학의 꿈. 마침내 난 꿈을 이루었다.

16. 반갑다, 프린스턴

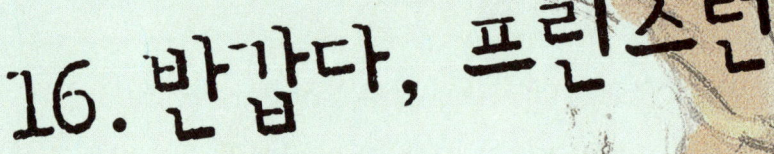

드디어 프린스턴 대학교에 도착했을 때
웅철이와 나는 흥분을 감추지 못했다.
"웅철아, 이리 와 봐. 여기가 블레어 아치인가 봐."
"우아, 정말 높다.
사진으로 보던 것보다 훨씬 웅장해 보여.
꼭 탑 같아."

꿈이 현실이 되다

　과학영재학교 졸업식은 성대하게 치러졌다. 각 방송사에서 취재를 나왔고, 기자들은 학생들을 붙잡고 인터뷰를 했다. 외국의 영재학교 교장 선생님도 오셨고, 한국고등과학원과 과학기술부의 높은 분들도 많이 오셨다. 여러 분들의 축하 속에서 졸업식이 시작되었다. 머릿속에 수많은 생각들이 지나갔다.

　'드디어 졸업을 하는구나. 마치 긴 꿈을 꾸고 난 것 같아. 입학식 때가 생각나. 카메라 플래시가 터지는 가운데 어깨가 으쓱했지. 하지만 마음이 무거웠어. 내가 과연 잘 할 수 있을지 불안했어. 그리고 첫 시험, 중간고사 결과는 끔찍했지. 엄마의 편지는 큰 힘이 되었고, 난 다시 열심히 공부해서 우등생이 되었어. 3년 내내 난 쎄나는 노력을 했고, 마침내 내 오랜 꿈을 이루었어.'

　내 자신이 대견했다. 그 모든 것이 다 노력의 결과였다.

다른 친구들이 게임을 할 때 나는 교과서를 펼쳤고, 다른 친구들이 제주도로 여행을 갈 때 나는 문제집을 풀었다. 나는 늘 남보다 늦게 잠자리에 들었다.

시상 순서가 왔다. 나는 학업상을 수상하고 나서 다시 탐구상을 수상하러 가고, 또 내려와서 공로상을 수상했다가 잠시 쉬고 외부상을 받았다. 그렇게 단상을 오르내리려니 쑥스러웠다. 하지만 자랑스러웠다. 이 네 가지 상을 모두 탄 사람은 나와 웅철이뿐이었다.

웅철이는 나처럼 프린스턴 대학교에 합격한 친구였다. 내가 죽도록 공부할 때 웅철이는 책 한 번 슬쩍 보는 게 다였다. 그러면서도 성적이 좋았다. 그런 웅철이를 볼 때마다 난 이런 생각을 하곤 했다.

'이 녀석은 정말 천재가 아닐까?'

그런 생각이 드는 친구들은 웅철이 말고도 많았다. 그렇게 괴물 같은 친구들만 모인 곳에서 난 최고의 성적으로 졸업을 했다. 행복했다.

웅철이와 나는 비행기 안에 나란히 앉아 있었다. 마침내 프린스턴으로 출발하는 것이었다. 나는 등받이에 몸을 기대고 눈을 감았다.

'열다섯 시간 후면 미국. 드디어 프린스턴 대학교야.'

가슴이 두근거리면서 그동안 고생했던 일들이 하나하나 눈앞을 스쳐 지나갔다. 지난날을 생각하다 잠이 들었다. 눈을 떠 보니 미국이었다.

공항을 나와 웅철이와 함께 프린스턴을 찾아갔다. 미국 땅은 정말 넓었다. 가는 동안 끝없는 들판이 지루하게 이어졌다.

그런데 갑자기 창가에 앉은 웅철이가 소리쳤다.

"현근아, 저기 프린스턴 대학교 아니야?"

"엉? 어디? 이야, 정말이네. 사진으로 봤던 그대로잖아."

웅철이와 나는 창문에 달라붙어서 한동안 소란스럽게 떠들었다. 멀리 자그맣게 보이던 학교가 가까워질수록 두근거림이 더해 갔다. 그리고 드디어 프린스턴 대학교에 도착했을 때 웅철이와 나는 흥분을 감추지 못했다.

"웅철아, 이리 와 봐. 여기가 블레어 아치인가 봐."

"우아, 정말 높다. 사진으로 보던 것보다 훨씬 웅장해 보여. 꼭 탑 같아."

"정말 영화에서 보던 성 같다."

그렇게 흥분해서 학교를 둘러보던 우리는 즐거운 마음으로 기숙사로 발걸음을 옮겼다. 학교는 정말 예뻤다. 영국 대학교를 본보기로 지어서 고풍스러운 건물들이 많았다. 아름다운 교정을 지나 기숙사에 닿았다. 웅철이는 다른 기

숙사라서 헤어졌다.

   기숙사 안으로 들어가자 외국 학생들이 모여 있었다. 나까지 모두 여덟 명이었다. 앞으로 기숙사에서 함께 지낼 친구들이었다.

   나는 영어로 인사를 했다.

"안녕? 난 한국에서 온 김현근이라고 해. 만나서 반갑다."

그런데 그 다음이 문제였다. 친구들은 빠른 영어로 이야기하기 시작했다.

'대체 뭐라는 거야? 아, 무슨 말인지 잘 모르겠어.'

갑자기 앞으로 어떻게 유학 생활을 할지 걱정이 되었다. 한마디도 못하고 앉아 있는데 한 친구가 물었다.

"Do you want a top-bottom?"

"Yes."

무슨 말인지 몰랐지만 나는 고개를 끄덕였다. "No"라고 대답하면 무언가를 또 물을 테니까.

그 친구는 손짓으로 방 하나를 가리키면서 뭐라고 또 말했다.

'저 방으로 가라는 소리구나.'

짐을 끌고 그 방으로 들어갔다. 내가 싫어하는 이층 침대가 놓여 있었다.

'아, 이층 침대를 쓰고 싶냐고 물었던 거구나. 난 이층 침대 오르락내리락 하는 거 정말 싫은데. 단어 하나 못 알아들어 이런 일이 생겼어. 바보같이.'

울적한 마음으로 짐을 풀었다. 방을 정리하는데 한숨이 나왔다.

'친구들 말도 잘 못 알아듣는데 수업 내용을 알아들을 수 있을까? 말을 못 알아들으면 친구들은 또 어떻게 사귀어야 할까? 그렇게 오고 싶어 한 프린스턴인데 첫날부터 이게 뭐람. 여기까지 오려고 내가 얼마나 노력했는데. 이젠 영어 때문에 고생이구나.'

그렇게 프린스턴의 첫날이 지나갔다.

다음 날, 기숙사로 웅철이를 찾아갔다.

"웅철아!"

"현근아!"

겨우 하룻밤이 지났을 뿐인데 우리는 반가워서 어쩔 줄을 몰랐다. 그때 웅철이의 기숙사 친구가 지나가다가 웅철이한테 인사를 건넸다. 웅철이는 나를 소개하더니, 그 친구한테 이것저것 말을 붙였다.

'저 녀석 봐라? 잘 하지 못하지만 영어로 열심히 말하네.'

웅철이는 더듬거리면서도 정말 열심히 이야기했다. 외국인 학생도 웅철이의 서투른 영어를 잘 들어주었다. 외국인 학생이 자리를 뜨자마자 웅철이한테 물었다.

"난 어제부터 오늘까지 거의 한 마디도 안 했어. 영어 못하는 거 들킬까 봐. 넌 안 부끄러워?"

"뭐가 부끄럽냐? 다른 나라 말이 어려운 건 당연한 거 아냐?"

"그건 그래. 그런데 방금 보니까 너 수다스럽더라. 안 그래?"

"일부러 많이 떠든 거야. 그래야 영어가 늘지. 영어 잘하려면 무조건 많이 듣고, 많이 말하는 것밖에 없대."

웅철이의 말에 용기가 났다. 나도 외국인 친구들에게 먼저 말을 걸기 시작했다.

나는 자랑스러운 프린스턴 학생

마침내 첫 강의가 있는 날. 아침에 눈을 뜨자마자 기대가 되었다.

'세계적인 명문 대학교 프린스턴의 강의는 어떨까? 교수님은 어떤 분일까?'

콧노래를 흥얼거리며 세수를 했다. 옷을 갈아입고 식당

으로 향했다. 아침식사는 오믈렛과 스크램블드에그, 시리얼, 그리고 주스와 우유였다.

벌써 한국 음식이 그리웠다.

'밥이랑 김치 먹고 싶다.'

그래도 맛있게 아침을 먹고 강의실로 향했다.

강의실에 앉아 있으려니 교수님이 들어오셨다. 첫 강의는 물리였고, 교수님은 입자 물리를 연구하는 분이셨다. 이윽고 강의가 시작되었다.

'영어를 잘 알아들어야 할 텐데.'

다행히 교수님의 영어는 빠르지 않았다. 물리에 관한 내용이라 무슨 말인지 잘 이해할 수 있었다. 교수님은 몇 가지를 설명한 다음 실험을 시작하셨다.

교수님은 투명한 통 속에 깃털과 쇠공을 동시에 떨어뜨리셨다. 가벼운 깃털과 무거운 쇠공이 동시에 바닥에 닿았다. 통 안이 진공 상태였기 때문이다.

'진공 상태에서는 무거운 물건이나 가벼운 물건이나 같은 속도로 떨어져. 다 아는 내용이야. 하지만 눈으로 직접 보니 신기하다. 재미있는걸.'

교수님은 다른 실험도 보여 주셨다. 실험 때문에 강의는 아주 재미있었다. 1시간이 금세 지나갔다.

　이제 해석학 수업을 들을 차례였다. 일흔이 넘은 노인이 지팡이를 짚고 강의실로 들어오셨다. 절뚝거리며 힘겹게 걷는 그분은 콘웨이 교수님. 아주 유명한 수학자이다. 옆자리 학생에게 조용히 물어보았다.

　"많이 편찮으신가 봐?"

"작년에 오른쪽 몸이 마비되셨어. 그래서 작년에는 강의를 하시지 못했지. 이젠 많이 나아지셔서 다시 강의를 시작하신 거야."

강의가 시작되었다. 콘웨이 교수님의 열정은 대단했다. 마비 때문에 오른손을 쓸 수 없게 된 교수님은 왼손으로 어렵게 칠판에 글씨를 쓰면서도 열띤 강의를 하셨다.

나이도 많고 몸도 불편하셨지만 젊은이 못지않은 힘이 느껴졌다. 교수님은 제자들에게 지식을 나눠 주는 일에 보람을 느끼시는 듯했다.

자신감도 대단하셨다. 교수님이 말씀하셨다.

"내가 케임브리지 대학교에 있을 때였네. 스티븐 호킹과 친구였지. 그 친구는 강의할 때면 이런 말을 했다네.

'내가 비록 몸은 불편하지만, 여러분은 나를 통해 물리학을 가장 정확하게 배울 수 있을 것입니다.'

나도 그 친구가 했던 말을 똑같이 하고 싶네. 내가 몸은 불편하지만, 여러분은 나를 통해 해석학을 가장 정확하게 배울 수 있을 것이네."

감동적인 강의였다. 해석학에 대한 뛰어난 식견, 듣는 사람에게 그대로 전해지는 뜨거운 열정, 스스로에 대한 확신 모두 인상 깊었다. 훌륭한 교수님들의 가르침을 받을 수 있어서 나는 너무 행복했다.

'이제야 내가 진짜 프린스턴 대학교 학생이 된 것 같아. 이 학교 학생이라는 게 자랑스러워.'

교수님들뿐만 아니라 학생들 역시 대단했다. 다들 굉장한 특기를 지니고 있었다. 중국계 미국인인 기숙사 방 친구만 해도 그랬다. 그 친구는 음악적 재능이 뛰어나 카네기홀에서 바이올린 독주까지 했었다. 수학과 물리에서도 천재에 가까웠다. 프린스턴에는 특히 국제 수학·과학 올림피아드 수상자들이 많았다.

'뛰어난 학생들이 너무 많아 걱정돼. 하지만 행복해. 프린스턴에 오지 않았다면, 세상에 이렇게 대단한 사람들이 있다는 사실도 몰랐을 테니까. 이런 사람들과 어깨를 나란히 하고 있다는 사실이 기뻐. 난 꿈을 이룬 거야. 더 넓은 세상에서 전 세계의 인재들과 공부하고 싶다는 꿈을.'

나는 이제 안다. 내 꿈은 나 혼자 이룬 게 아니라는 사실을. 무엇보다 가족들은 내게 큰 힘이 되어 주었다. 고생하시는 엄마, 아빠 생각을 하면 노력을 게을리 할 수 없었다.

또 나에게 용기를 준 친구들과 선생님이 없었다면 꿈을 포기했을지도 모른다. 나라의 지원을 받는 과학영재학교가 있었기에 나는 마음껏 공부하고 유학을 준비할 수 있었다.

마지막으로, 학비가 없었다면 프린스턴에 오지 못했을 것이다. 유학은 대기업에서 준 장학금 때문에 가능한 일이었다.

이 모든 것이 있었기에 나는 꿈을 이룰 수 있었다. 여전히 나는 선생님 말씀을 잊지 않고 있다.
"너희들은 길가의 거지에게도 빚이 있다."

이제 다시 시작이다. 더 높은 꿈을 향해 나는 또 한 걸음을 내디딜 것이다.

얘들아, 재미있게 읽었니?

내 이야기가 조금이나마 도움이 되었으면 좋겠다. 무엇보다 너희들이 큰 꿈을 가졌으면 좋겠어. 나는 초등학교 5학년 때 큰 꿈을 가졌어. 세계 최고 명문 대학교에서 전 세계의 인재들과 공부하는 꿈.

처음 그 꿈을 가졌을 때, 주위 사람들은 그 꿈이 이루어질 거라 생각하지 않았어. 물론 부모님은 나를 믿어 주셨지만. 친구들이나 다른 어른들은 내 꿈이 너무 터무니없다고 얘기했지. 사실 그럴 만도 해. 나는 지방의 한 초등학교에서 공부 좀 잘 하는 아이에 불과했으니까. 그러나 꿈을 포기하지 않았어. 지금은 꿈을 이루기에 부족하지만 점점 실력을 쌓으면 나중에는 꿈을 이룰 수 있다고 생각했어. 지금 나의 능력을 보지 않고 미래의 나의 능력을 믿은 거지.

너희들의 꿈은 뭐니? 혹시 능력이 부족해서 꿈을 포기하려고 한다면 절대로 그러지 마. 너희에겐 누구보다 큰 가능성이 있으니까. '나도 할 수 있어'라는 생각을 가졌으면 좋겠어. 나도 했는데 너희들이라고 왜 못하겠니?

너희들도 알다시피 난 머리가 남달리 좋거나 어떤 분야에 뛰어난 재능이 있는 아이는 아니야. 그런데도 과학영재학교를 수석으로 졸업하고 프린스턴 대학교까지 올 수 있었던 건 순전히 지독한 노력 덕분이지. 정말이지 노력해서 안 되는 건 없단다. 난 그렇게 생각해.
　나는 요즘 아주 즐겁게 지내고 있어. 친구들도 사귀었고 영어도 많이 늘었단다. 친구들과 잔디 운동장으로 몰려가 축구도 자주 해. 물론 공부는 여전히 많이 해. 대학교 공부가 그렇게 만만하지가 않단다. 그래서 주말이면 밀린 공부를 하느라 바쁘지. 다들 열심히 하니까 나도 더 열심히 하게 돼.
　어릴 때부터 키워 왔던 유학의 꿈이 이루어진 지금, 나는 또 다른 꿈을 꾸기 시작했어. 면역체계를 연구해서 암이나 에이즈 같은 난치병을 치료하는 꿈. 공부하는 게 많이 힘들지만 십 년쯤 후에 하버드나 존스홉킨스 같은 세계적인 병원에서 연구를 하고 있을 나를 상상하면 힘이 불끈불끈 솟는단다.
　너희들도 공부하기 힘이 들 땐 꿈이 이루어진 모습을 마음속에 그려보렴. 그리고 그 모습을 잊지 않는 거야. 내가 말했잖아. 꿈을 잊지 않는 한 꿈은 이루어진다고. 알았지? 얘들아, 꿈을 잊지 마!

오랫동안 꿈을 그리는 사람은 마침내 그 꿈을 닮아 간다.

- 앙드레 말로